現在住所は冷蔵庫。自己肯定感急上昇。

　この本を手に取って下さった、センス抜群の"BITCHES"の皆さま、ごきげんよう♡　私は普段、InstagramやTikTokなどで活動している、花上惇（はなうえじゅん）と申します。唐突に冷蔵庫を開けて登場し、世の悩めるレディの皆さまに、言葉のパワーを送る私の動画、観たことある方も多いんじゃないかしら？まだ知らない方は、是非SNSをチェックしてみてね。

　そんなことより、「急に私たち読者をビッチ呼ばわり?!」と驚かせてしまったかもしれないけれど、一旦私の話を聞いて（笑）。

　日本において「BITCH」と言うと、いわゆる「アバズレ」とか、とにかく貞操観念ユルユルの女性を形容する言葉として用いられることが多く、とてもネガティブなイメージの単語だと思われていることが多いわよね。

　だけど実際のところ、それは日本においてのみの話。ネイティブスピーカーたちは、そういったネガティブな意味として以外にも、ポジティブに、時には親しみを込めて、あえてこのワードをチョイスする場合がある。

　親しい女友達同士、「BESTIE（親友）」との会話の中で、愛称のような感覚で使ったりするシチュエーションがあるの。私がSNSであげている動画では、画面の向こう

の皆さまを勝手に私のBESTIEだと思って、BITCHと呼びかけているのよ。

「ちょっとアンタ、どうしたのよ?! 大丈夫なの?!」といった風にね。

落ち込んでいるときは励ましたり、迷っているときは私なりに少しヒントを投げかけてみたり、ときにはビシッと自分の意見を言ってみることもあるわ。大切なBESTIEが困っているとき、なんとか助けてあげたいと思うじゃない? 私にとってファンの皆さまはそういった存在なのよ。

私のSNS宛に、皆さまのお悩みDMがたくさん届くわ。生きることってしんどいわよね、分かるの。そんな皆さまが、私の言葉を聞いて、読んで、少しでも前向きになってくれたら、心が軽くなってくれたらいいな、なんて思いながら、日々発信しているわ。

気がつけばおかげさまで、フォロワー数も急増し、本まで出版できることになったのよ。いつも応援して下さる皆さまがいたことで叶えられた夢よ。本当にありがとう。そして、今回初めて私を知って下さったご新規さまも、漏れなく皆さま、ありがとう。素敵な出会いに乾杯ね♡

　本書では、今まで投稿した動画のお悩み＆回答を1冊にまとめました。「LIFE」、「BEAUTY」、「LOVE」、「WORK」のジャンルごとに分かれているので、今のお悩みにフィットするページから読むでも良し、パッと開いたページから読むでも良し、最初からじっくり読むでも良し、皆さまのお好みに合わせて楽しんでいただければ幸いです。

　それに加えて、今まであまり語ってこなかった、私の生い立ちについても綴っております。

　SNSのフォロワーさんからは「昔からポジティブなんですか？」なんて聞かれることが多いけれど、全然そんなことはないの。どん底の暗黒時代があったからこそ、光り輝く今がある。そんなバックグラウンドについても少々語らせていただいたわ。

　つらい時代があったからこそ、悩みを抱える皆さまに共感できたり、励ましの言葉が頭に浮かぶのだと思うの。ネガティブ出身の私だからこそ紡げる言葉がある。

　人生は一度きり。せっかくなら、最高にGORGEOUSな笑顔で歩んでいきたい。

　そう思わない？

They say nothing

lasts forever …

dreams change,

trends come and go,

but friendships

never go out of style

Carrie Bradshow

移ろいがちな夢や、すぐに時代遅れになる
ファッショントレンドのように、
永遠に続くものなんてないと言うけれど、
友情だけは廃れたりしないの。
(SEX AND THE CITY THE MOVIE)

tomorrow
is
another day.

明日はまた新しい一日よ。

CHAPTER.1
LIFE
You can cry me a river.

CHAPTER.2
BEAUTY
Just the way you are.

CHAPTER.3
BACKGROUND
The path I've taken.

CHAPTER.4

LOVE

Cherish yourself.

CHAPTER.5
WORK
Work hard, play hard!

CHAPTER.6
Q&A77

STAFF
撮影：橋本憲和
ヘア＆メイク：JunJun
スタイリング：曽我一平

ブックデザイン：佐藤ジョウタ（iroiroinc.）
構成：根岸聖子
校正：聚珍社

CHAPTER.1

LIFE

You can cry me a river.

女友達がいちいち
マウント取ってくるって?

BITCH!
そもそもそんなの友達じゃないからね?
本当の意味で満たされてる幸せな人っていうのは
わざわざマウントなんて取らないのよ?
So(だから)
SHE'S(その子は)
JUST(幸せな)
PRETENDING(フリをしてるだけ)なの

自分より幸せそうなあんたが羨ましかったんじゃ
ないの?
そう思ったら逆にありがとうだしね?
全部話聞き終わった後に
『あ、ごめぇぇえん。全然聞いてなかったぁ〜』
てかさぁ〜
で話題変えちゃいましょ♡

あ、そうそう
今夜は女だけでディナーだからね♡
7時(19時)
あんた遅れないでよ?
じゃあね♡

　実はね、「BITCH」シリーズって、これが第1回だったの。"冷蔵庫を開ける"パターンになる前から「BITCH」シリーズはあったんだけど、冷蔵庫バージョンでの記念すべき一発目のテーマとしては、イラッとする「マウント女子」でよかったと思っているの。だって、昨今、ホントによく耳にするでしょ、「マウント」ってワード。

　もともとの「マウンティング」は、サルとかゴリラが自分の優位性をアピールするために、相手にまたがる行為の事を指すみたい。ゴリラたちのはシンプルでわかりやすいけど、人間のはもっと細分化されている分、ホ〜ントやっかいよねぇ。容姿に持ち物、恋愛、結婚、ステータス自慢など、ありとあらゆる場にマウント女子は出現しがちだもの。年齢に関係なく、いつ、どこでも不意に遭遇してしまう。ゴキブリかよってくらい、忘れた頃に出くわすのよね。自覚なくマウント取ってくる子もいるみたいで、そうやって認めてもらうことで自分を保ってるのかしら？　って思っちゃうわ。

　逆に、ちょっと過剰に反応している人もいるわよね。何の気なしに言ったことも、「マウント取ってる？」って構えてしまったり、不快に思ったり。

　マウントだと感じるかどうかは関係性にもよるだろうし、**優位性を示したいんじゃなくて、ただ単純に褒めて**

もらいたい、ってこともある。それは本当に仲のいい友達同士なら成立するはずだから、マウント癖のある子って、「よかったね！」「すごいね！」と言い合えるお友達がいないのかもしれないわね。私の場合は、相手がマウント取ってきたりしても、心の中で**「ワタクシ、もはやそのレベルにおりませんので♡」**って完全スルーよ。

　マウントを取ってくる人への対処法としては、気にしないのが一番効果的。相手にして欲しくて仕掛けてくるわけだからね。誰かにマウントを取りがちな人の心理って、要するに自分に自信がないってことなのよ。

　だからマウント取ってきている時点で、もう勝負は決しているってわけ。瞬間的にはイラッとしちゃうかもしれないけど、決して同じ土俵にのったりしちゃダメ。心の中で「この人、頭悪いな〜」「自信がないのね」「なんだかかわいそう」ってスンと、華麗にスルーが正解よ。

　ただ、素直に自慢したい、褒めてもらいたいっていうのも人間のサガよね。そういうときは「ちょっと聞いて、自慢したいんだけど！」って仲のいい子に言うのよ。友達だったら「なになに？」って素直に聞けるし、喜んであげられる。

　仮に喜べないとしても、別に悪いことじゃないわ。結婚、妊娠、出産と、自分がしたくてもできていないこと

を友達がしていたら、羨む気持ちが大きくて喜べない、っていうこともあるかもしれない。

でもそれって、オリンピックで別の競技で金メダルをとった人を羨むようなものよ。マラソンと柔道を比べても仕方がないもの。人と比べること自体、マウンティングや不幸の始まりなのかもしれないわ。

唯一、比べていいのは自分自身だけ。「昨日の自分より成長してる！」って、自分を認めてあげられるような人生を送りたいわよね。とにかく、仕掛けられたマウント合戦にのっかっていくなんて、労力、エネルギーを奪われるだけだからやめておきなさい。人生は有限なのに、そんなどうでもいい事で時間を無駄にしないで。人生って本当に短いのよ？　ついこの間まで10代だった気がするのに、もう30歳だもの。

Don't waste your time!（時間を無駄にしないで！）
YOLO!（=You only live once.）（人生は一度きりよ。）

マウント合戦してるうちにあっという間におばあちゃんなんて嫌じゃない？　気の許せる友達と楽しい時間を過ごすことこそ幸せなことだと思うわ。

"女は女らしく" って言われた？

BITCH!
そういうの本当無理

Don't let other ppl decide who you are（自分とは何かを人に決めさせないで）

今は女も自立してる
なりたいものになれる
ガンガン意見主張して
バリバリ仕事こなしてやんなさい♡
ショートカットに刈り上げてる子だって
素敵だと思わない？

Awich 姉さんも言ってたわよ
うるせぇんだよ　って
カッコイイ女の子がいたっていいし
カワイイ男の子がいたっていいじゃない？
LIKE ME（私みたいに）
ANYWAYS（とにかく）
It's your choice（あんた次第よ）

そうでしょ？
じゃあね♡

　もうね、そういう時代じゃないと思うの。確かに、私も昔は「男らしく」って呪縛にとらわれていたわ。ナヨナヨ、メソメソしていた幼少期。

「お前、なんで女とばっか遊んでんの!?　男のくせに！」

とか、ウザい男子にしょっちゅう絡まれてたし、親に野球や空手を習うことを勧められたこともあったわ。男子らしい習い事に参加させれば、自然と同世代の男の子と仲よくなれるって思ったのかもしれないわね。私は第一子だったから、親も初めて親をやるわけで、当時はいろいろ試行錯誤してたんだと思う。

　頑張って、男らしくしていたこともあるのよ。そのほうが、無駄なトラブルも避けられるだろうし、生きやすいかもって。でも、本来の自分と違うわけだから、無理があるのよね。

　吹っ切れたのは、実はつい最近。数年前、ゲイバーで働いてみたときに初めて「あ、このままでいいんだ！」って思えたの。

　高校生のときくらいから、仲よくなった子には自分はゲイだって言ってたけど、社会に出たときに、職場の人には特に明かすことはなかった。別に友達を作るために働きに出ているわけじゃないし、そういう間柄の人に突

然「私、ゲイです」なんて言う必要もないかなって。

　むしろ、わざわざ言わないほうが、摩擦もなく、円満でいられるしね。TikTokだとオネエ感強めだけど、普段は意外と普通なのよ（笑）。ちょっと物腰が柔らかなだけ。

　女だから、男だから、ゲイだからって、判断するのはナンセンス。見た目だって、振る舞いだって、好きにしたらいいのよ。

　最近は男性の見た目も多様化してるわよね〜。ゲイかノンケか見分けがつかなくて、むしろ困っちゃう（笑）。ちょっと前まで、ステレオタイプのゲイといえば、短パンでガチムチで、ピッチピチのTシャツ着て、NORTH FACEの四角いリュック背負って……って感じだったのよ。

　それが今は、ギャル大好きなイカツめのお兄さんたちも、みーんな短パンはいてるし。

　とはいえ、私もその道のプロですので（笑）、なんとなく違いはわかります。瞳の奥がどこかフェミニンなのよね。見た目がどんだけイカツくても、視線の配り方なんかが中性的な感じだったりするの（笑）。

　アメリカに住んでいる日本人の友達いわく、向こうで

めちゃくちゃオシャレで、センスのいい男は大体ゲイだって言ってたけど、どうなのかしらね〜。

　ちなみに、Awich姉さんとは、私の大好きなラッパーよ。『どれにしようかな』って曲で、「女は女らしくなんて、うるせぇんだよ！」って歌ってるの。ホントその通りだと思うわ。

　最高にカッコイイ。実は私のインスタに「いいね」してくれたこともあるの♡

　完全に自慢よ（笑）。

オタクについて
どう思うかって？

BITCH!
Honestly... (正直なところ……)
マジで Crazy (クレイジー) よね

だって大好きなものがあって
その "好き" を一途に貫ける **最高にカッケー人たちよ**

オタクは暗いだとか、ダサいだとか言う人もいるけど
私の周りのオタクたちは　毎日キラキラ楽しく夢中になって
"推し事" に励んでいらっしゃるわ
Just love what you love no matter what they say
（あんたの "好き" を貫きなさい
誰が何と言ったって）
そんな私は靴オタク
素敵な靴は　素敵な場所へ連れてってくれるって
信じてるの♡
ダサいって？
That's fine (それで構わないわ)

あ
ちなみに私は『純ロマ』の宮城教授が大好きよ♡
じゃあね♡

　私の周りにもオタクは多いわ。

　アニメやアイドルオタクのほうが多いけれど、推すもの、ハマるものがある人ってすごくキラキラしていて楽しそうよね。

　一方で、悩ましい問題もあるみたい。SNSのフォロワーさんから推し活の悩み相談が届くこともしばしば。「推しが匂わせしていて……」とか。いいことばかりじゃないのがつらいところよね。

　私が長年通っているサロンの美容師さんも、かなり気合いの入ったアイドルオタクで、推しの話になると、すごく楽しそうにいろいろ教えてくれるわ。

　私の中では、オタク＝好きなものを追究しているって印象だから、それの何が悪いの？　と思う。素晴らしいことじゃない？

　ハマると言えば、私も過去に、叶わぬ恋をしたことがあるわ。元祖韓流四天王と言われた、俳優のウォンビンさん。学生時代、深田恭子さんとウォンビンさんのドラマ『フレンズ』で、初めて彼の姿を見て「ワオ！」って。

　これは確実に恋だわ……ってほどの一目惚れをして、それから今でもずっと大好き。写真集やDVDも買ったりしていたの。昔、恋をした素敵な理想の男性として、

私の心の中にいる（笑）。

　恋とは違うけれど、ずっと大ファンなのはBoAさん。今でもファンクラブに入っているし、今年の20周年のコンサートにも行ったわ。

　あ、ちなみに「Crazy」と言ったのは褒め言葉よ。ポジティブな意味で使うこともある言葉。「狂ってるわね」って直訳だとネガティブな印象だけど、オタク批判なんてするつもりないわ。

「そんな私は靴オタク」

　これはSATCのキャリーをイメージしたの。私も靴は大好き。最近はセルジオ ロッシに夢中よ♡

　ところで、『純ロマ』は、『純情ロマンチカ』というBLマンガのこと。『純情○○』ってシリーズ作品で、「ロマンチカ」「エゴイスト」「テロリスト」とあるんだけど、私は「純情テロリスト」の宮城教授が大好きなの♡

　普段はそんなにアニメとかマンガを見るほうではないけれど、BLは割と好きなジャンルで。やっぱり私はオネエだから、男女の恋愛ストーリーよりも、BLのほうが感情移入しやすく、共感できたりするのよね。

『純ロマ』シリーズはプラトニック寄りで、教授は攻め
なの。文芸を愛する大人な男性。お茶目な性格も愛おし
いのよね（笑）。

　作者の中村春菊さんの他の作品も好きで、読んでるわ。
『世界一初恋』も好き。おすすめBLマンガあったら、
ぜひ教えてね♡

自分に自信が
持てないって?

BITCH!
YOU ARE（あんたは）
THE（マジで）
BEST（最高よ）
How many freakin' times do I have to remind you
（あんた一体何回言えばわかるのよ）
あんた自分の魅力に鈍感すぎ
いい加減気づきなさいよ✵

だって私ってクソイケてて　超魅力的じゃない?
あんたはそんな私の親友　ソウルメイトなの
『類は友を呼ぶ』って言うじゃない?

Be confident.（自信持ちなさい）
Be fabulous.（そしてファビュラスであれ）

あ
そうだ
オスカーデラレンタのショー
ありとあらゆるコネを使って　最前列押さえたわ
バチバチにキメて集合よ♡
じゃあね♡

　ここ数年で、「自己肯定感」って言葉をよく耳にする
ようになったわよね。

　自己肯定感が低いとか、自己肯定感を上げよう！　み
たいな。私はどちらかと言えば、自己肯定感が高そうに
見えるタイプかもしれない。あくまでも、与える印象と
してね。

　でも実際は、今も昔も、そんなに自信満々ってタイプ
じゃないのよね。子供の頃から、コンプレックスの多い
人生だったのよ、実は。

　セクシャリティの部分も含めて、人と違う自分に自信
が持てなくなることは多かったし、今ほどゲイというの
ものが世間に認知されていたわけじゃないから、偏見や
差別を感じることもあったし、恋愛も成就しにくかった。

　周りの男女が恋愛していく中、自分は取り残されてい
く。見た目にだって自信がない。容姿にコンプレックス
を感じるほど、人の目をまっすぐに見て話せなくなって
いたわ。肌が汚い、目つきが悪い、鼻が低いなんて思わ
れるんじゃないかって。まぁ、その辺はゲイとかに限ら
ず、思春期あるあるかもしれないけれど。

　コンプレックスって、自分が気にしているほど、周り
は気づいていなかったりするわよね。会話の流れで「実
は……気にしてるんだ」って告白したら、「えっ、そう

だったの？」くらいのリアクションだったりすることもある。

　例えばちょっとした歯並びの悪さとか、本当に他人からしたら、そんなこと１ミリも思ったことないのに、本人は気にして思いっきり笑えないとかね。

　直すことで解決するなら、対処すればいいと思う。だけど、意外と人と違うところ、ちょっと欠けているところって、魅力になったりする。だからもう一度、考えてみて。

本当に、それってマイナスなことなの⁉

　あなたが抱えているコンプレックスって、どこかの誰かからしたら、魅力的な部分かもしれない。自分ではダメダメだと思っているかもしれないけれど、それってもしかして、**自分のダメなところと、人のいいところを比べてたりしない？　そんなの意味ないでしょ。**

　誰にだってできないこと、苦手なことはある。相手のダメなところは目に入らず、自分のダメなところばかりフォーカスしていても、無駄に落ち込むだけ。

　だからといって、お互いのダメなところを比べても、それってあんまり建設的じゃないわよね。比べること自体、あんまりいいことじゃないけれど、どうせなら、いいところをピックアップして、気持ちをアゲていきまし

ょうよ。

私はこういうことができる。

彼女はあんなことができる。

私たち、最高じゃない！

「類は友を呼ぶ」という言葉があるように、素敵な人には素敵な人が寄ってくるもの。ほら、私ってとっても素敵じゃない？（笑）　だから、この本を手に取ってくれたアナタも素敵なの。

　日本人って謙遜する人が多いし、控えめなのは素敵なんだけど、すぐマイナス思考になりがちだから。ネガ思考に陥りそうになったら、私が引き戻してあげる。これは、そのための"remind"よ。

Be confident.　Be fabulous.

"Fabulous"（信じられないほどに素晴らしい）って、海外ではよく聞く言葉なのよね。特に、オカマはよく言うかも（笑）。自信を失いそうになったときは、私がこう言ってるって思い出して。

　そして、この本をまた読み返してみて♡

私がポジティブな理由知りたいって？

BITCH!
This is between us（ここだけの話よ）
特別に教えてあげる
本当は誰よりもネガティブだからなの
And that's what I hate about myself
（自分の嫌いなところよ）

人の顔色窺ったり　やりたいこと我慢したり
本当は男の子が好きだって　言えなかった
But then I realized（でも、あるとき気づいたの）
そんなの何の意味もないってこと
だって100年後には全員死んでんのよ？

そう思ったら私が私でいられる時間って　すごく少ない
So I just wanna be true to myself at least
（だったらせめて自分に正直でいたいの）
茨の人生（みち）だって　マノロブラニクで歩けば
RUNWAYよ

やりたい放題大暴れしてから　逝ってやるわ
じゃあね♡

This is between us.

　というのは、要するに、友達同士での「誰にも言わないでね」というニュアンス。

　なんでこんな始まり方にしたかというと、今までのテイストと異なる内容だったから。

　これまでのBITCHシリーズは、自己肯定感MAX、チャーミングなオネエ感満載！　的な感じだったでしょ。

　でも元々の私はそうじゃない。いろんな葛藤を経て、今の私がいるんだということを伝えたかったの。

　実際、今は明るいしポジティブだけど、生まれたときからそういう性格だったわけじゃない。それを正直に告白することで、誰もがそうなれる、考え方ひとつで変われるのよ、と伝えたくて、この動画を作ったの。

　きっと私の場合は、普通以上に、必要以上に、他人の顔色を窺いながら生きてきた人生だっと思うから。

　セクシャリティに関しても、周りにバレたらどうしよう？　なんか言われたら？　もっと男の子っぽく振る舞ったほうがいい？　とか。

　やりたいことも我慢して、本当はこういう格好をしたいけど、フェミニンすぎ？　これって女の子の色？　とか。

　周囲の目を気にして、本当にやりたいことを我慢して、

のみ込みながら生きてきた。思春期で恋愛の話になった
ときも、全然興味のない女性芸能人の話で盛り上がって
るフリをしたり。

　でもね、年齢を重ねるごとに思うの。

　私が私でいられる時間は本当に少ない。短い人生なん
だから、せめて自分の気持ち、自分自身には正直でいな
きゃもったいない、と。

"茨の人生（みち）だって　マノロブラニクで歩けば
RUNWAYよ"

　私の大好きな海外ドラマ、『SATC』（『セックス・ア
ンド・ザ・シティ』）の主人公、キャリーは靴好きでマ
ノロブラニクをこよなく愛するコラムニスト。ある日彼
女は、子供が生まれた友人宅に招かれたとき、土足厳禁
と言われて驚くの。「靴も含めてのファッションなのに」
と。

　しかも、帰ろうとすると靴がない。480ドルのマノロ
ブラニクが紛失されてしまったの。キャリーは友人に弁
償するよう申し入れると、その金額に驚いた友人は「ま
だそんな生活をしているの⁉」と、シングルライフを嘲
笑（わら）うかのような態度。

　そんなエピソードの最後に、キャリーは「シングルウ

ーマンの道は平坦ではない。だからこそ素敵な靴が必要」と語っていた。これは私が好きなエピソードのひとつで、SATCファンの方なら、一緒に思い出してもらえるかなと思ったの。

　BITCHシリーズのBGMが『SATC』なこともあって、ドラマのエッセンスは随所に入ってるわ。もともとネガティブだった私に、勇気と元気を与えてくれた作品よ。

　ちなみにその後、キャリーは友人に「私は靴と結婚するから、そのご祝儀に480ドルの靴を」と連絡。しっかり弁償させたのよ。予期せぬ出来事で人から貶められても、ちゃんと自分で自分を上げる方法を知っている。素晴らしいと思ったわ。

Life is very short.

　だったら、自分の人生は自分でプロデュースしていかないと。

人生がつらいって？

BITCH!
I feel you（わかるの）
'Cause I've been there（私もそうだったもん）
我慢なんてする必要ないわよ
泣き叫んでみたら？
It's okay（いいのよ）
You can cry me a river
（涙の川作っちゃいましょうよ）
If that makes you feel a little bit better
（それで少しでも　気持ちが楽になるんなら）

そこに橋を架けて向こう岸に渡ることを
"乗り越える"って言うのよ
歩くのがしんどければタクシー使えばいいじゃない？
ANYWAYS（とにかく）
It's important to move forward
（大切なのは　前に進むこと）
てかスクワットだと思えばいいんじゃね？
人生しゃがみこんだり立ち上がったり
それを繰り返すことで　プリケツが手に入るのよ♡
15cmのヒール履いて　お尻ぷりぷりしながら
一緒に歩かない？
人生という名のランウェイを♡
じゃあね♡

「I've been there」っていうのは、行ったことがある、つまり経験したことがあるってこと。英語でもよく使う表現なのよね。私だってつらいことはあったってこと。そして、**「cry me a river」(川ができるくらいに涙を流す)** この言葉、好きなのよね。人生、山あり谷ありってよく言うけど、私にもすごくつらかった時期はあったわ。

ひとつは、大学を卒業したあたりで、音楽活動をしていた頃のこと。新宿のライブハウスで、対バンでライブをよくやっていたんだけど、その日の演奏スケジュールでは私が一番最初だったのね。ファンの方に声をかけて集客を頑張ってはみたけど、集まったのは3人。出番が後半だったら、他のバンドのお客さんも来ている状態でステージに立てるけど、トップバッターだったから。

ガラッガラの客席に向かって、つらいなぁと思いながらも30分、歌ったわ。「1秒でも早く終われ！」と思いながら。やっと歌い終わったあとは、もう楽屋でぐったりよ。精神的な疲労でね。

やっと立ち上がってライブハウスを出たら、出待ちしていた子たちが、「感動しました！」って泣きながら、握手を求めてくれたの。笑顔で応えたけれど、「こんなに、ちゃんと聴いてくれていた子たちがいたのに、私はどうして、早く終われって思いながら歌ってしまったんだろ

う」と、内心、不誠実だった自分が恥ずかしくてたまらなかったわ。重い機材や衣装を持って電車に乗って座ったとたん、涙がボロボロ出てきて、人目もはばからず、大泣きしてしまったの。自分でも、自分の感情をどう処理していいのかわからず、コントロールができなくなっていたのね。

　もうひとつのつらかった経験は、それから数年後ね。バイク便の会社で働いていたときのこと。私の人生の暗黒期だったかも。それこそ、鬱で病む一歩手前ぐらいまでいっていたと思う。社内の人間関係に恵まれていたのが唯一の救いだけど。本来注力したかった音楽活動もできず、なぜか毎日疲れていて、部屋も荒れ放題。片付ける気力もなく、とりあえず帰ったら寝るだけ。なんとかしたいけど、どうすればこの状況から抜け出せるのかわからない。上も下も、右も左も行き止まりの気分。あの頃は本当につらかったわ。

　電話やFAXを受けて淡々と同じことを繰り返すだけ。ルーティン的な仕事が合っている人もいると思うけど、私は変化がないとダメみたい。自分がロボットになったかのように思えて、もがく気力も失われていった。

　アルバイトなのにちょっとした会議にも出席したこともあったの（笑）。とあるプロジェクトのメンバーに選

んでもらったこともあったけど、お給料は変化なし。責任だけが重くなったわ。社員じゃないのに。「なんで、こんなことしなきゃいけないのかしら」って、若干不満に思ったりしていた記憶があるわ。もうこれ以上続けたら爆発してしまうと思って、次に何をするかも決めていなかったけど、まず辞めてみることにしたの。

　少しだけ貯金もあったから、それでなんとかしのぎながら、水商売を始めることにしたら、どうやらこれが私には合っていたみたいで。そこから少しずつ心が浮上して、今に至るってわけ。

「歩くのがしんどければタクシー使えばいいじゃない？」っていうのは、マリー・アントワネットが言ったとされる「パンがなければケーキを食べればいいじゃない？」のノリね。前進するのであれば、手段は何だっていいの。パワーをチャージするためであれば、一旦立ち止まり休憩してもいい。チートでタクシーを使うのもいいし、つらすぎるなら逃げてみるのもありよ。逃げることが前進につながることもあるんだから。

　そうそう、「ランウェイ」って言葉も大好き。なんか、華々しい響きじゃない？　要するに、つらさをバネに、自分が主役の人生を一緒に歩んでいきましょうって言いたかったの。

人に裏切られたって？

BITCH!
In other words... (言い換えれば)
You believed (あんたは人を信じたの)
I think that's amazing (素敵なことだと思うわ)

だってそれ　簡単なことじゃないじゃない？
でも今後のために教えてあげる
人に期待しない　信じ切らない
でも "人を信じたい" と思う気持ちは　捨てない
これは私のモットーよ
あんたもこう考えたら　生きやすくなるかも
てかまさかあんた "信じた自分が悪い" なんて思ってないで
しょうね？
Come on (ちょっと〜)
Just stop it (やめなさいよ〜)
逆に褒めたいぐらいよ？
そんな姑息な人間のために　傷ついてる時間とか　超もっ
たいない
Put the past behind you (さっさと忘れちゃいなさい)
あ！
そういえば明日私ウォール街の大物とデートなの
ドレス選ぶの手伝ってくれない？
男が私を帰したくなくなる
ド・レ・ス
じゃあね♡

裏切られたってことは、信じたってこと。

これって、いろんなことに共通して言えることなのよ。例えば、失敗したってことは挑戦したってこと。振られたってことは、好きという気持ちを持てたってこと。

別れがつらいのは、その人のことをちゃんと、愛していたからよね。

私も、詐欺の被害にあったとか、大金を騙し取られたとかそういうのはないけど、浮気された、ぐらいのことは経験済みよ。ショックを受けて傷ついたり、落ち込んだりっていう、普通にナイーブな青春を過ごしてきた私の経験談としては、一時的な感情で行動するのではなく、**一旦ひとしきりへこんだら、少し冷静になったほうがいいの。**客観的にというか、視野を広げて状況判断ができるようになるから。

つらいのは、自分がその人のことを信じていたということだから、そこはむしろ自分を褒めてあげていいんじゃないかって思うのよ。素直でまっすぐな自分をね。どん底までいったら、そうやって浮上しましょうよ。**再浮上したあなたは、もっと強くなっているはず。**

年齢を重ねて経験値が上がるほど、心底、ピュアに人を信じることが難しくなっていくもの。心から信じられる人って、家族以外でそうそう現れるものじゃない。そ

んな中、裏切られたってほどの衝撃を受けるってことは、信じていた証拠。たいしたもんよ。

　人に何も期待しない、信じ切らないほうが、傷つかずにいられるのは当たり前。でも、人を信じたいっていう気持ちは捨てたくないし、みんなにも捨てないでいてほしい。

　だって、「もう二度と、誰も信じるものか！」って思いながら生きるのって、さみしいじゃない。と言いつつ、私も自分を守るためにも人を100%信じない、期待しないっていう生き方を身につけてきたんだけど。他人によって感情を激しくアップダウンさせられるのを防ぐために、プランBを考えて生きることをモットーにしてね。

　いつからかは明確ではないけど、毎日生きていく中で、徐々にそうするようになっていったのよね。これまで、いろんな人と出会って、話を聞いて、そのときどきでキャッチしたもので今の私が構築されている。心も体も、年々、傷が治りにくくなっているだけに、自然とそうなってきたんだと思うわ。

　でも、絶対に人を信じないってわけじゃない。そんなのさみしいから。だから"信じたい"気持ちは捨てないことにしているの。裏切られた！となったときに、落ち込んでネガティブになりすぎて、自分が悪いって思考に

陥る人がいるけど、それは違うわよ。

　裏切る側が悪いのは、間違いない事実。だって約束していたのなら、そう信じさせておいて破るほうが悪いに決まってる。

　勝手に期待していたのなら……そうね、ちょっとはこっちも悪かったかもしれない。でも裏切られた側は被害者なんだから、落ち込んだり、傷ついたりして停滞している時間がもったいないわ。

　だからこそ、Put the past behind you（さっさと忘れちゃいなさい）って強調したかったの。周りに裏切られたって落ち込んでいる人がいたら、何か楽しいことに誘って忘れさせるわ。

あなたは何も悪くない。むしろ人を信じた勇者なの。
　同じところでウジウジしていないで、さっさと過去にしてしまいなさい！　ってね。

大切なペットが亡くなって
立ち直れないって？

BI...
I'm so sorry（お悔みを申し上げます）
私も犬を飼ってるからわかる
大事な家族よね
私なんて自分自身よりも大切だもの
でもその子……
今この瞬間も、まだあんたの近くにいるかもね

だってあんたがずっと泣いてるんじゃ
おちおち天国で遊んでらんないじゃない？
あんたがその子を愛したのと同じように
その子もあんたのことが大好きだったはず
大好きな人には笑っててほしいと思わない？

So smile and say...
（だから笑って　そしてこう言うの）
"I'll see you there"（"そっちでまた会おうぜ"って）
Instead of "good-bye"（"さようなら"の代わりに）

それがあんたがその子に　最後にできること
でしょ？

　いつもなら"BITCH!"ってワードから始まる私の動画だけど、言わないときだってあるのよ。だって、大切な家族を失ったって言われたら、その気持ちに寄り添いたくなるじゃない。

　私もワンちゃん飼ってるからわかるの。約4年前から一緒に住んでるんだけど、こっちが落ち込んで塞（ふさ）いでいたり、泣いていたりすると、まるでこちらの感情を察したかのような行動をとってくる。なんて愛（いと）おしいのかしら。だから、飼い主が楽しそうにしているほうが、ペットちゃんもうれしいんじゃないかしら。

　実家にいた頃は、同じ敷地内にある祖母の家でワンちゃんを飼っていたの。その子はあんまり人懐（ひとなつ）こい子じゃなくて、私はよく吠（ほ）えられていたわ（笑）。嫌われていたのかも（笑）。それでも私は、その子が亡くなったときは本当に悲しくてショックで、「もうあんな思いはしたくない」って、それから犬を飼うことはなかったの。

　大人になって、ひとり暮らしを始めたことで、金銭的にも生活スタイル的にも、動物を迎え入れることが難しかったというのもあるわ。でも、やっと少し余裕が出てきたから、新しくワンちゃんを迎えることにしたの。

　犬種はポメラニアンで、ペットショップで出会ったんだけど、当時はペットショップの闇的なことを知らなか

ったから、あとからいろいろ知ってショックを受けたわ。出会ったことに後悔はないけれど、出会い方を間違えたなっていうのはある。今後、動物愛護関係のお仕事を頂けたら、もちろんノーギャラで受けるつもり。普段から少額だけど寄付をしたりすることもあるし、これからも続けたいと思う。偽善者って思われてしまうのかもしれないけれど、それでもいいわ。何もしないよりマシだもの。これだけ日々、癒やしをもらっているんだから、私にできることがあるなら、進んで取り組みたいと思う。

　うちに来た子は、「つくね」と名付けたけれど、どんどん呼び方が変化していって（笑）。ペットを飼っている人あるあるよね。結局、最終的には「つた」と呼ぶようになってしまったわ。そんなうちの子は、今年の9月で4歳よ。うちの母親も、つたにメロメロになって、実家でもポメラニアンを飼い始めたのよね。ポメラニアンの「ポポちゃん」。こちらもどんどん呼び名が変化していって、最終的には「ちゃーちゃん」になったわ（笑）。なぜ（笑）。

　わんちゃんが家にいると、なぜか「どうしたの？」って話しかけちゃう。どうもしてないだろうけど（笑）。「うれしいの？」「そうなの！　うれしいの！　ニコニコしてるの？」って、いろいろ話しかけちゃうんだけど、そ

れって私だけ？

　話を戻すわね。家族を失って、悲しいのはわかる。でも、その子も、いつまでも悲しんだままでいて欲しくないんじゃないかしら。泣いてばかりいたら、成仏できないような気がするの。あくまでも私がそう思うだけって話だけど。

So smile and say...

（だから笑って　そしてこう言うの）

"I'll see you there"

（"そっちでまた会おうぜ"って）

Instead of "good-bye"（"さようなら"の代わりに）

　こう書くと死後の世界があるかのような話になるけど、笑顔で送り出してあげようってことが言いたくて。

　私もつたが亡くなってしまったら、しばらくはお休みをもらうくらい、深く悲しむと思う。この子がいなくなるなんて考えたくもないけど。いつか必ずその日は訪れてしまうのだから、後悔のないよう、精一杯愛情を与えて、豊かな日々を過ごしたい。

　きっとあなたも、その子にたくさん愛情を注いで、大切にしてきたはずよね？　悲しい気持ちはすごくわかるの。だけどその子を安心させてあげるためにも、笑顔で送り出してあげてね。

周りに馴染めず
浮いてしまうって？

BITCH!
I'm so proud of you（あんたが誇らしいわ）
I really am（ガチで）
あんたって最高にクール
さすが私の BESTIE（親友）ね
だって浮くってことは他の人よりも "高い" 場所
"高い" レベルにいるってことじゃない
地面に足がめり込んで　埋もれていく人が多い中
あんたは1人でプカプカ　優雅に浮いてるわけでしょ？
何それ!?
最高にクールじゃん♡
同調　迎合　集団志向
F**K'em all（全部クソ喰らえ）
Oops ♡（おっと）
失礼
『出る杭は打たれる』なんて言うけど
そんなの周りが手を伸ばして
簡単に届くところにいるのがいけないの
突き抜けてやんなさい
中途半端は NO
極上こそが　YES ♡
雲の上から見物よ♡
じゃあね♡

冒頭、I'm so proud o you（あんたが誇らしいわ）I really am（ガチで）

って、主語と be 動詞を 2 回続けて言うことで、より強調されるの。本当にそう思っているって伝えたくて。

周りから浮いてしまうことに対して、なんで誇りに思うの？　どうして？　って引きつけたかったから、まず最初に「誇りに思う」っていうフレーズを持ってきたかったのよね。これ、本当によく使う言い回しなの。思いっきり人を褒めたいときにね。

周りに馴染めないこと、違和感を感じてしまうことを悩んでいるって声はたまに耳にするわ。長くそう感じている人もいるだろうし、たまたま、今いるコミュニティで浮いてしまっているというのもあるわよね。

私は、浮きっぱなしの人生よ（笑）。

最初に訪れたその時期は、小学校の中学年から高学年の頃ね。見た目が派手で浮いちゃう子もいるけど、私の場合は内面からくるものだったわ。主に私のセクシャリティの部分ね。私にとっては当たり前だけど、周りの人は違うんだなって。

お互いに子どもだったから、容赦なく指摘されたし、それに対する対処の仕方もわからず、ただただ傷ついて、

落ち込んでいた。

　そんな経験があった上で中学に進学して、そこで出会った男友達で、なんかちょっと他と違うなって子がいたの。彼はみんなと仲がいいんだけど、どこにも属していないというタイプの子だったわ。

　俺は俺だからっていうのが、言わなくても伝わってくる感じで、その感じがすごくよかったのよね。人として、すごく憧れた。誰かに対して嫌な態度、尊大な振る舞いをするわけじゃなく、付かず離れずな距離感っていうのがカッコよくて。なんていうか、周りの子たちより数段、大人な感じがしたのよね。

　マイノリティであればあるほど、集団の中ではどうしても浮くことになる。特に、日本みたいな同じ人種がひとつの場所に固まっている文化、社会の中ではね。「浮いてる」って、要するに浮かんでいることだから、それは他の対象物があった上で成立する表現よね。

　浮く人がいれば、沈んでいて、動かない人たちもいる。だったら、**浮くって高いところにいるってことじゃない?**　無理矢理な解釈だけど（笑）。

　こんなふうに表現を逆手に取ってイメージすることは、決して悪いことじゃないと思うの。杭を打たれようがないくらい、高い位置に行ってしまえばいいのよ。

　でもそれは、自分の芯をしっかり持っていないといけ
ない。揺るぎない自分なりの価値観があるということが
とても大切。そういう人は尊敬に値するわ。誰もができ
ることじゃないもの。

　**自分は自分という軸をぶらさず、胸を張って浮いてい
ればいいのよ。**

専業主婦はニートって言われた？

BITCH! WTF（何ですって?!）
NO WAY（そんなわけないわ）
Says who?（誰がそんなこと言うのよ？）
Oh...
Mind your own f**kin' business
（ク〇ほど余計なお世話よ）
ってその女に言ってやんな
専業主婦っていうのは
家族の健康と生活を守る戦士よ
見えないところで戦ってるわ
たとえそれがお金にならなくても
正当な評価がもらえなくても
大切な家族のために　毎日戦ってるの
それをニートだなんて
What a bitch（なんて嫌な女なの）
GIRL（ちょっとあんた）
Don't take it to heart（気にしすぎちゃダメよ）
Because haters gonna hate
（ケチつけたがりな人っているのよ）
言わせておきなさい
家族のあり方やその形は　他人が決めることじゃないのよ
そうでしょ？　じゃあね♡

　私の勝手な思い込みかもしれないけれど、これって、働いている女性が働いていない女性に対して言うシチュエーションが多い気がするのよね。男性からではなくて。

　無意識のマウントだったとしても、時々いるじゃない。「ずっと家のことしかしないなんて、私には無理だわ〜」とか言う人。

　こんなふうにワーキングママたちが、そうじゃない人たちに言うケース、結構あると思うのよね。今の時代、専業主婦ってどんどん少なくなっているだろうから、"経済的に余裕がありそうでいいわね"、みたいなやっかみもあるのかもしれない。くだらないわ。

　どうして人は人、自分は自分と割り切れないのかしら。今回は強い表現で言いたくなったから、あえてＦワードを使ったのだけれど。

　専業主婦だって本当に大変だし、もちろん働いているママだってとても大変よ。ママたちはみんな、それぞれいろんな場面で戦っていると思うの。まだまだ、ワンオペでやっている人も多いだろうし、本当にみんなすごいと思うわ。なのに、専業主婦ってだけで軽んじられて、正当に評価されないことって多くない？ "働いていない＝家にいてゴロゴロしている"って本気で思っているのかしら。

料理に掃除に洗濯、そして育児も加えたら、毎日どれだけやることが多いのかって話。あっという間に夜になってしまって、ゴロゴロする時間なんて、そうそう取れないんじゃないかしら。ワーキングママだって、外でバリバリ働きながら、家に帰れば家事もこなさなきゃいけないという方も多いわよね。だから家の中のお仕事がどれだけ大変か、本当は知っているはず。

　だからこそ、外で働きながら、家事をもこなす自分のほうがすごい、偉い、みたいな思考になるのかもしれない。外に働きに出ると、やはりストレスは多いし、自分の時間が持ちにくくなるから、それをしていないだけで、「ラクでいいわね！」なんて思ってしまうんでしょうね。疲れているときなんかは、余計にそう思ってしまっても仕方がないかもしれないけれど。

　でも、それなら心に留めておけよって話なの。それを相手にぶつけるなんて、大人げない行為だわ。

　思わず、"What a bitch〜"（なんて嫌な女なの！）って感情的になってしまう（笑）。

　ちなみに、Hater はいわゆるアンチ、人や物ごとを嫌う人のこと。まともに受け取ってはダメ。くだらないマウンティングなんて、相手にしないのが一番よ。

　反撃する労力を使うのもバカバカしいから、私なら言

い返さないでおくわね。

「ニートじゃないわよ！」とか、ストレートに受け取って感情的に返したりしないで。むしろ、「毎日働いていて偉いよね」「家事だけでも大変なのに、仕事までこなすなんてすごいと思う」と相手を褒めて、労ってあげましょう。だって、こっちは別に争いたいわけじゃないじゃないし。言い返すと同じレベルになっちゃうでしょ。

　相手が（言葉で）殴ってきたら、ふんわりと受け止めるだけ。やる気満々でディスりに来る人にとっては、相手にしてもらえないことが一番のダメージだと思うから、肩透かしを食らわせてやるくらいが効果的かも。

　むしろ、くだらないマウントを取ったことが恥ずかしくなるくらい、こちらは穏やかにいきましょ♡

　家族の形や、そのあり方は、それぞれの家庭で決めるものだし、各家庭で違っていて当たり前だと思う。人の家の事情をあれこれ言うなんてナンセンス。人に当たったり、マウントを取ったところで何も生まれないと思うの。専業も兼業も、それぞれの家庭でそれなりの理由があってのこと。くだらない口出しはせず、自分の家庭のことにだけ集中すればいいの。

言いたいことが
言えないって？

BITCH!
WTF（What the fucker）
is bothering you
（一体何を気にしてるわけ？）

言えばいいのよ

以上よ

　本当は、いつも通り、もう少し長めのメッセージにしようと思ったの。だけど、いくら考えても、「言えばいいのよ」以外には思い浮かばなかったのよね（笑）。

　なぜ、「言いたい」のに「言えない」のか。

　何がこの人を阻（はば）んでいるのだろう？

　私なりに真剣に考えてみたのだけど、いろんな原因があると思うから、みんなが納得できるような答えがまとまらなくて。

　私個人はどうなのかと言うと……自分が言いたいことを我慢するということは、どちらかと言えば少ないように思う。言いたいな、これは言っておくべきだな、言わないといけないなと思ったら、割と迷わず発言するタイプ。傷つけてしまうかもしれないこと、不快な思いをさせてしまうかもしれないことは言わないけれど。

　でもそれは、自分の中で熟考した上で「言わない」という選択をしたということだから、特に後悔することはないのよね。自分の「言いたい」より、「傷つけたくない」のほうが勝っていたということだから、そこは自分の中で納得をしてのみ込んでいるの。

「言いたいけど言えない」の理由のひとつに、「言ったら、相手にどう思われるか」「よく思われないかもしれない」という不安が勝るケースってあるわよね。

私も、自分がどう思われているのかは気になるし、時々エゴサもするわよ。気になってないと言えば嘘になる。でも、あまり気にしすぎると何もできなくなってしまうから、気にしないように心がけてはいるの。

　ただ、「言いたいこと」を「言うか言わないか」の判断に、自分がどう思われるかという要素はあんまり関係ないかも。相手に与えてしまう影響のほうが、より大事だし、重要視しているわ。

　基本的に、言いたいことは、やはり言ったほうがいいと思うの。**口に出して意思表示をしないと変わらないこと、結構あるでしょ。**言わずして、察して欲しいというのは、その人のエゴだと思うしね。何も言わないくせに、「なんでわかってくれないの？」なんて、何様なの？と思うこともあるわ（笑）。恋愛においても、そういうことで揉めてしまうことって多くない？

　本当はこう思っていたけど、言えなかった。そこは察して欲しかった、みたいな。

　私も過去の元カレにそう言われたことがあるけれど、言ってくれないとわからないから、「は？」と思ったわ。

　今、私はこう思っています、なんていちいち言い合ったりしないし、付き合いが長くなればなるほど、家族でも恋人でも友達でも、手抜きをしてしまうことがある。

そういうのはよくないと思うから、気づいたときに言うようにしているの。

言ってくれないとわからない、と言ったけれど、察する努力をしないわけではないの。ただ、**完璧に100％察してあげることはできないから、そこはあなたもご協力お願いします**、という感じ。こちらも歩み寄るから、そちらもお願いね、みたいな。

ずっと「察してちゃん」を貫こうとする人に対しては、それってあなたの怠慢では？　なんて思ってイライラしちゃう（笑）。

だから、結論としてはすごくシンプル（笑）。**言いたいことを我慢してストレスを溜めるくらいなら言っちゃえば？**　と。

ただ、一度口にした言葉は戻らないから、慎重にはなるべき。言葉は時に刃物だもの。簡単に人を傷つけることができてしまう。

そこは常に意識しつつ、伝えることはハッキリと、自分の言葉で伝えていきましょ♡

独身は可哀想って言われた？

BITCH!　WTF!?（マジでなんなの!?）
Did you punch her In the face?
（ちゃんと顔面ぶん殴った？）
WHY!?（なんでよ!?）
私が代わりに引っ叩きにいきましょうか？
てかその女　視野が六畳一間すぎない？
Being single is definitely better than being with
the wrong person
（間違った人を選ぶより独り身のほうがずっといい）

1人だからこそ　出来ることだって沢山あるじゃない？
突然素敵な出会いがあるかもしれないし
You never know（分からないじゃない）
あんた自分が BUTTERFLY だってこと忘れないで
今はちょっと羽を休めているだけ
ちなみに私もシングルウーマンだけど
全然寂しくなんてないわよ
女友達とマティーニがあれば十分なの
And some toys.（あと、おもちゃ）

You know what I mean?（意味分かるでしょ？）
じゃあね♡

　私のSNSのフォロワーさんは、私と同世代の人が多いのかしら。

　20代後半から30代くらい。小中高と、10代のときは、大体みんな同じような人生を歩んでいるけど、20代半ば頃からは、人生の方向が枝分かれしていくわよね。就職、結婚、出産と、環境の変化にうろたえてしまう人も多いのかもしれない。

　私の周りが変化していったのも、ちょうどその年代ね。地元ではみんな結婚が早くて、20代半ばまでには結婚、出産、マイホーム、というのが割と主流で。私の地元は持ち家率ナンバー1で、一軒家を持って当たり前という土地柄なの。

　長いこと東京で生活していると、20代前半での結婚とか、超早い感じするじゃない？　もちろん、マイホームなんて全然現実的な感じがしないわ。電車が便利すぎるおかげで、車も必要に迫られることはないし、駐車場は高いし、停める場所を探すこと自体とても大変だしで、欲しいと思ったことすらない。

　私の場合はそんな感じで、財産、資産を持つこととは無縁な環境で、それでも日々を楽しく暮らしてきたけれど、地元で着々と家や家族を持っていく同級生の話を聞くと、自分だけ取り残されたような気持ちになることも

あったわ。

　そういう悩みを抱えている私世代の人も多いのではないかしら。実際、地元に暮らす未婚の子は、焦っているように感じるもの。

　とにかく結婚！　と視野が狭くなりがちだけど、いざ一緒に暮らしてみて、DVだのパワハラだのに苦しめられたらどうする？　だから焦って妥協することだけはしないでほしいの。そんな窮屈な暮らしをするくらいなら、独身のほうが100倍いいはず。

　夫婦2人で家庭を構築していくことも、もちろん素晴らしいけれど、**ひとりでできる素晴らしいことだって、世の中たくさんあるじゃない。** それが見えなくなってしまうのはなぜ？　その時間を楽しまなくてどうするの？ひとりでいること、パートナーがいること、そのどちらにも、メリットとデメリットがあると思うわ。

　こういう悩みを抱えている人は、自分を過小評価しているのではないかしら。自分は誰からも選ばれていない、みたいな。全然そんなことないのにね。

　そもそも、選ばれない、モテない、と悩むこと自体がナンセンスなのよ。だから「BUTTERFLY」という表現を使ってみたの。気持ちだけは、内定をいただく側ではなく、出す側でいないとね。

　自分にとっての結婚は、いい人がいればしてもいいか
も、という感じ。あと、法律が変われば（笑）。

　今のパートナーシップ制度って、結婚とはまた少し違
うものだから。すべて同等の権利が得られるわけでもな
いし、現状はメリットも特にないと感じるの。だから私
は、今のところこだわりはない。別にひとりでも支障な
いし。

　もちろん、ふと寂しくなることもあるけど、「カジュ
アルなお友達」さえいれば事足りる。「カジュアルなお
友達」については明言を避けておくわ（笑）。

　いろいろ考えたあとに、どうしても結婚したいと思っ
たなら行動を起こすしかないわ。パートナー探しのため
に出会いの場に繰り出すとか、マッチングアプリに登録
するとか。

　**今付き合っている人が煮え切らないのなら、自分から
プロポーズするか、早いところ見切りを付けるか。**

　とにかく、相手任せではなく、あなたがリードしなく
ては、状況は変わらないわよ。

Before
you leave the house,
look in the

mirror

and

take one

thing off.

Coco Chanel

出かける前に鏡を覗いて、
アクセサリーを一つ外しなさい。
(ココ・シャネル)

Keep looking up...

That's the

secret of the life.

SNOOPY

上を向くこと...それが人生の秘訣さ。
(スヌーピー)

CHAPTER.2

BEAUTY

Just the way you are.

整形について
どう思うかって？

BITCH!
What's wrong with that（何が悪いっていうの？）

人は自分をよりよく見せるために
新しいコスメや靴を買うの
"美しさ"をお金で買うのだって同じことよ

自分自身を愛するためになりたい自分に近づく
それっていけないこと？
批判されたっていいじゃない
どこ吹く風よ

あ
そうそう　ちょうど明日
Dr.Wang にアポ入れてあるの
信じられるのは女友達と　ボトックスだけ
あんたも来る？
じゃあね♡

　整形することがありか、なしか。

　もちろん、断然肯定派。私もやってるし。悪いと思っ
てる人には、逆に「なぜ?」って問いたいわ。

　人は自分をよりよく見せるために着飾ったり、メイク
をしたりする。自分を輝かせてくれる服や化粧品があっ
たら、その対価を払って手に入れるじゃない。中にはコ
レクションのため、という人もいるかもしれないけれど、
それはさておき。

　服や化粧品はいいのに、なぜ、美容整形は例外なのか
しら?　顔や体にメスを入れて傷つけて、親に申し訳な
くないのかって?　それなら、病気を患って手術をする
人はどうなるの?

　なんて言うと、「美容整形は治療じゃない」という人
が出てくるけど、自分の見た目に対するコンプレックス
が原因で心を病んでしまう人だっている。そんなとき、
「気にするな」「そんなこと」などという他人の言葉は、
なんの解決にもならないの。悩みというのはその人だけ
のもので、いくら「問題ない」「かわいい」と言われても、
本人に響かなければ、解決していないことと一緒。

　その悩みの根本を改善するための手段が、美容整形だ
ということもある。自分の体のことなんだから、自分で
決めればいいのよ。

私自身も整形はしているし、周りにもいるわ。プチ整形レベルから大掛かりな手術まで、程度は様々。注射レベルだったら、毎週ってくらい打ってる。……ごめん、それは盛ったけど（笑）。

　ボトックスは2～3ヶ月に一度。目の下のクマも手術で取ったわ。ダウンタイム中はつらかったけれど、やってよかったと思ってる。

　だって、少しでもかわいくなりたかったんだもん。それ以上も、それ以下の理由もない。

　その他で言うと、最近二重の幅を広げたの。元々は奥二重で幅が狭いせいか、黙っていると不機嫌に見えるなんてよく言われて。印象を変えたくて手術をしたの。

　気にしない人もいるかもしれない。だけど、私は気にしたの。だから原因となる部分を直した。それだけのこと。結果、とても満足してるわ。

　こんなふうに、整形したあとの人生が、その人にとって明るいものになるのであれば、したらいいと思うのよね。軽率にしろっていうわけじゃなくて、下調べはしっかりしつつ、ね。どういう術式があって、ダウンタイムはどれくらいなのか。有名なドクターは？　こうなりたい、なりたくないっていうのを自分の中で明確にして、メリットだけじゃなくてデメリットも調べた上で、次の

ステップ、カウンセリングに行くべきよ。

　私は怖がりだから、事前に徹底的にリサーチして、「これならいける！」って確信してからカウンセリングへ行ったわ。

　もちろん、カウンセリングでしっくり来ない、納得できないこともあるから、なんか違うな……と思ったらそこでやめることもあるし、病院を代えてみることだってある。

　事前に調べること、リスクを知ることは大切。見た目のコンプレックスなんて、ちゃちゃっと直しちゃいなさいよ！　なんて軽く言うつもりはないわ。大切な体だから。

　だけど、日々のケアや、自信の努力だけではどうにもならないことだってあると思うの。そのときには、医療技術に頼ることも一つの手段。ただ、決して自分だけの判断ではなく、プロの意見もしっかり取り入れ、希望と現実とをすり合わせることが大切よ。

　私たちはみんな、なりたい姿で生きる権利があるの。

服もメイクもケバいって言われた？

BITCH!
SHUT UP（ちょっと嘘でしょ）
中指立ててやんな
What you wear is an expression of who you are
（身に纏うものは　自分自身を表現するもの）

TPO さえわきまえればあとは自由
メイクもファッションも自分が楽しむもの
それは好きが詰まったアート作品みたいなもの

Nobody has a right to criticize you
（誰にも咎める権利はないわ）

生きたいように生きたら？
目立ってナンボ
煌めきマシマシでいきましょう♡

Like a freakin'
DIAMOND bitch
じゃあね♡

　まず最初に、誤解のないように説明するわ。"SHUT UP" と言うと、本来「黙れ」という意味。だけど、シチュエーションによっては「嘘でしょ!?」みたいなニュアンスで使えることもあるのよね。

　例えば、望んでいたポジションへの抜擢など、何かうれしいことが伝えられたときなんかに、「SHUT UP!」と言ったり。「信じられない！」＝「アンビリーバボー！」みたいなニュアンスかしらね。

　以上を踏まえて、本題にいくわね。

　年齢に合った服装をしなきゃいけない悩みについても、よくDMでいただくわ。自分に直接言われたことじゃなくても、そういう話題になったときに「私は大丈夫かな？」って不安になるみたいね。私はそういうの、まったく気にしないタイプなんだけど、年齢を重ねるにつれて出てくるテーマなのかなって思う。特に、ここ日本においては。

　TPO、いわゆる Time（時間）、Place（場所）、Occasion（場面）という、その場に合った服装というのはもちろんある。わかりやすいのだと、お葬式とかね。カラフルな服を着ては行かないじゃない。それは単に集団に合わせるということだけではなく、故人や遺族の方への礼儀として、そして気持ちの表明でもあるわよね。

でも、それ以外の自由な場では、好きな格好、メイクをすればいいと思う。

　私も日々、いろいろ言われてきたわよ。今では珍しいことではなくなってきているけれど、まだ男がメイクすることが珍しい時代から、私はメイクをしていたから。「なんで、男がそんな濃い化粧をする？」「メイク濃すぎだろ」って。「ほっとけ！」って感じだけど、なんて返していたのか、まったく覚えてないのよね。

　もしかしたら、傷ついていたかもしれない。当時の私は、今ほど強くはなかったから。
「なんで、そんなこと言うの？」
「わざわざ、言わなくてもいいじゃん！」

　周りの批判を気にしなくなったのは、ここ最近な気がする。今みたいにがっつりメイクをするようになったのも、SNSでの発信活動を始めてから。

　最初の頃は、今より薄かったの。でも、多くの人に見られて、知ってもらってナンボのこの世界で、オネエとして求められるイメージを追求したり、なりたい自分を試行錯誤していくうちに今みたいになったの。

　派手であること、目立ってしまうことって、そうあってはいけない理由があるのかというと、別にそんなのないわよね。誰かに迷惑をかけることでもなければ、気分

を害するものでもない。過度な露出とかになると、また話は別。それはもはや公然猥褻よ（笑）

ママ友とか、寄せ集めのコミュニティに属さないといけないからこそ、ヘンな予定調和が生まれてしまうことがある。

人が集まれば、センスも様々で、好みが合わない人がいて当たり前。他人の価値観はお互いに尊重しつつ、無理に合わせる必要なんてないんだけど、浮いていないか、気になってしまうと。

女同士は妙なジェラシーが生じがちだから、自分が我慢している一方で、自由にやっている人が鼻につく、なんてこともあるかもしれない。

「そんな派手な服、私は着れないわ〜」とか。「本当にメイク上手だよね」と言われて、もしかして、「メイク濃いねってこと!?」なんて勘ぐってしまうこともあるらしいわよ。面倒くさ（笑）。

あんまり深く考えず、言葉の意味通り受け取って「ありがとう」って返しておけばいいのよ。

私は、これからもしたいようにするわ。みんなも、自分のセンスを信じて堂々と生きましょ！

体型をバカにされた？

BITCH!
You look gorgeous（あんた超イケてる）
Just the way you are
（そのまんまのあんたでいいの）
他人のセルライトを気にしてる時間があるなんて
よっぽど暇なのね

あんたがいい女すぎるから粗探ししたいだけよ
Don't give a SHIT（気にしちゃダメ）
てかそもそも　どうして他人が望む姿でいなくちゃいけ
ないわけ？

ウチらの人生ウチらのもんじゃなぁい？
You don't need to be SIZE 0
（モデル体型である必要なんてないわ）

そうでしょ？
悔しくて痩せたいなら　ダイエットしたらいいし
もっと
GLAMOROUS（グラマラス）
になりたいなら爆食いしてみたら？
どっちの道に進んでも　私は素敵だと思う
ただ一つ忘れないで
そのハンドルは常にあんたが握ってなさい
じゃあね♡

　海外では、人の体型をバカにするのはやめようっていう運動があるのよね。Body shaming（ボディシェイミング）＝体型批判はよくないからやめましょうよ、っていう。例えば、ふくよかな体型の芸人さんの外見をいじって笑いを取ることも、このボディシェイミングに当たるかもしれないわね。言われた本人がどう感じるか、にもよるけれど。

　DMでもたまに来るのよ。彼氏に痩せろって言われたとか、細い友達が羨ましいとか。体型の悩みがそのまま、自己肯定感の低下につながっているのは確かなのかも。

　気軽に「痩せたいわ〜」って言い合うのはいいけど、深刻に悩んでいる人もいる。でも、体型で自分を卑下して欲しくなくて、「そのままでゴージャスよ！」って最初に強調したかったの。

　人の体型にどうのこうの言う人に関しては、自分のことだけ考えてたら？　って言いたい。人の骨格や脂肪のことなんて、どうでもいいじゃない。

　Don't give a SHITは、Don't care（気にしないで）の口語的なもので、Don't giveシリーズっていろいろあるのよね。

　I don't give a SHITで、「私は気にしないわ」って感じでも使うわ。お上品な表現じゃないから、絶対に使わ

ないほうがいいけど（笑）。

　痩せる必要なんてないって言っているわけじゃなくて、ありのままでいいのよっていうテーマ。**痩せるのも痩せないのも、決断するのは自分自身であるべき。**自分の気持ちに耳を傾けて、自分で選択すればいいことであって、人の心無い言葉に振り回されないで欲しいの。

　私のことで言えば、昔から痩せているほうで、10代の頃から大学まで、どれだけ食べても全然太らなかった。ダイエットなんて考えたこともなくて、食べたいものを好きなように食べていたら、ある日、久しぶりに会った大学時代の同級生から「太った!?」って驚かれてしまったの。体重って徐々に増えていくものだから、毎日見ている自分の変化には、全然気がつかなかったわ。「太った!?」って言われても、「そう？」って感じで、あんまりピンと来なかったのよね。

　次の日に、仲のいい女友達にその話をしたら、「うん、確かに」って（笑）。「昔に比べたら結構太ったよね」と言われて。その場で体重を聞かれたけれど、当時の私は体重計を持っていなくて「わからない」と答えたら、「ほら、今から買いに行くわよ」という感じで購入する流れになって（笑）。いざ量ってみたら、70kgだったの。痩せていた頃より15kg近く増えてたのよ。見たこともな

い数字にびっくりして、それから鬼ダイエットに走り、60kgまで落としたわ。

今は、ちょっとムチムチ♡くらいの体型で落ち着いたけど（笑）。

痩せていた頃は、「もうちょっと太りなよ」って言われたし、太ったら太ったで「痩せなよ」って言われる。体型なんて、自分の好きにすればいいのよ。私の場合は、70kgになったときは、太った自分が許せなくて、自分で決めて自分で痩せたのね。

私は運動が苦手だから、主に糖質制限をして、血糖値の上昇を緩やかにする食品を選ぶ形で、なんとか体重を落とすことができたの。

今はパーソナルトレーナーをつけて絞ろうかしら、なんて考えてる。写真を撮ってもらったり、動画での露出が増えたから、自分なりに体型にも気をつけるようになったわ。修正もできるけど、修正前の自分の姿に萎えるのも嫌だから、だったら自分の納得いく姿になったほうがいいなって。

どうせなら、**イケメンのいるパーソナルジムがいいわ。**不純よね（笑）。いいトレーナーさんを知ってたら、教えてちょうだい♡

顔にコンプレックスが あるって？

BITCH!
I'll show you something interesting
（おもしろいもの見せてあげるわ）
SEE?（ほらね？）
びっくりした？
これが私の最大のコンプレックスよ
若い頃にできたニキビが勲章（傷痕）となって残ったの
そして今私は絶賛　ダーマペンのダウンタイム中よ
こんなふうにコンプレックスを晒すことは　怖いし恥ずかしい
なるべく見せたくないものよね
But I would be very happy
（だけど喜んで晒すわよ）
If I could cheer you up with this
（これであなたを元気づけられるなら）

『月面』って陰で笑われることもあるわ
でもそれってつまり私が　セーラームーンってことでしょ？
月のプリンセスよ
ムーン　プリズムパワー　メイクアップ🌙
あんたは何のプリンセスにする？
決まったら教えて
じゃあね♡

コンプレックスは誰にでもあるもの。もちろん、私にだってあるわ。思春期になって現れたニキビが、最大の悩みだったの。当時、ガラケーでもパソコンでも、「ニキビ　治療」で検索をして、自分で調べまくったわ。恥ずかしくて、誰にも相談できず、唯一母親にだけは悩みを打ち明けて、ニキビ治療を専門とするサロンに通うようになったの。地元の富山県内ではなく、長野県までの遠征だったけれど。

入会金が約20万円、かなり小さなサイズの基礎化粧品類がそれぞれ1万円ずつくらいの価格帯。とにかく、当時の私にとってはとても高額だったのだけれど、私のためにと母が連れて行ってくれた。医療用のスティックのようなものでニキビをつぶして、鎮静パックをするのだけれど、とにかくニキビを片っ端からつぶされたわ。

そのサロンの理論としては、棘が刺さったら抜くように、ニキビの芯の白い部分を出さないと治らない、という主張だったの。高校生だった自分は全部、鵜呑みにして通っていたけど、改善はしなかったし、むしろ痕が残ってしまったのよね。

今となっては、**自分のコンプレックスにがんじがらめになって、視野が狭くなっていたなって思う。**他人からしたら「たかがニキビ」かもしれないけど、私にとって

は一大事で。一時は学校に行けないくらい悩んでいたの。

　肌は遺伝的な要因が大きいのよね。どれだけこまめに洗顔しようが、アクネケアをしようが、できるものはできる。自分が気にしているせいで、周りの人が自分の肌ばかり見ているように思い込んでいたりして。自意識過剰よね。過去に行った無茶な施術のせいでできてしまったニキビ痕を改善するために、今は信頼できる美容外科に通い、レーザー治療やダーマペン、TCAクロスやサブシジョンという施術を受けているの。でも、昔ほど切羽詰まってはいない。

　私の肌を見て、「なんか荒れてるな」って思うかもしれないけど、仲よくなっていくにつれて、そんなこと気にならなくなる。その人の内面が好きだったら、改善されていようがされていまいが、印象は変わらないでしょ。そんなに敏感にならなくてもいいのかなって、思うようになったの。

　インフルエンサー的なお仕事を始めてからは、そこまで気にしていないふりをしつつも、あまり触れて欲しくないことではあったの。でも、こうして自分から話せるようになったのは、フォロワーのみなさんのおかげね。

　仮に私のフォロワーさんが、私の見た目だけを好きになってくれたのだとしたら、きっと言い出せなかったと

思う。でも、みなさんが「考え方が好き」「言葉の選び方が好き」と言ってくれるから。「見た目も好きだけど」ってつけ加えてくれるけど（笑）、そこはそんなに重要じゃないのかもって思えるようになったのよね。あ、でもケアは続けるわよ。キレイになりたいという気持ちは、この先も消えることはないと思うから。

　参考までに。ニキビ痕（クレーター）治療において、私が今までにやってよかったと思った施術は、ダーマペン（PRP）、TCAクロス、サブシジョン。施術は痛みを伴うし、なんでこんな痛い思いしなきゃいけないんだろう？　なんて思いながら、少しでも肌を改善したくて今でも頑張っているの。

　テーマ柄、話が重くならないよう、自分のコンプレックスであるクレーターから、セーラームーンの話に発展させてみたのよね。ほら、お月様もクレーター肌じゃない？（笑）　私、セーラームーンが大好きで。アニメ全200話を、年に2、3回は1から全話見直すくらいなの。コンプレックスを持ちながらも、ひとりひとりがプリンセスという思いは伝えておきたくて。自分の機嫌は自分で取るって言うじゃない？　無理矢理にでも、自分がハッピーになれる方法を模索しないとね。

　一緒に戦っていきましょ♡

Your time is limited,

so don't waste it

living

someone else's life.

Steve Jobs

あなたの時間には限りがある。
だから誰かの人生を生きることでそれを無駄にするな。
(スティーブ・ジョブズ)

DRESSING IS A WAY OF LIFE.

YVES SAINT LAURENT

着こなしは生き方そのもの。
（イヴ・サンローラン）

Back in the day

CHAPTER.3

BACKGROUND

The path I've taken.

子供の頃は弱気からの男擬態

ポジティブオネエ
花上惇ができるまで。

　ここまで読んでくれた皆さん、本当にありがとう。せっかく本を出すという機会に恵まれたので、これまであまり公にしてこなかった自分自身のことについて、少し語ってみようかと思います。

　インフルエンサー的な活動を始める前の私が、どういう人生を歩んできたのか。

　別に興味ないって？

　BITCH！

　そんなこと言わず、ちょっと付き合ってよ（笑）

　幼少期を振り返ると、その頃からしっかりと様子のおかしな子だったと思うわ。自覚はなかったけれど（笑）。例えば、セーラー戦士に憧れていたりとか。一般的に男の子が好きになるような戦隊ヒーローには一切の興味を持たず、好きなのはセーラーヴィーナス一択。周りの男

の子たちに比べると、明らかに異質だったはず。

　当時はまだ、"同性愛"だとか"ゲイ"だとか、そういうことも解っていなくて。ごくごく自然に、ありのまま、当たり前のように振る舞っていただけだったのだけど。

　自分自身を「周りと違うのでは？」と思い始めたのは、もう少しあとのこと。小学校高学年くらいになってからだったと思うわ。

　男女の性差がはっきり分かれてくる頃なんだけど、私にはほぼ女の子の友達しかいなかったの。自分の性別が男だという自覚はかろうじてあったけれど、同性の男の子たちは異質というか、異性的な感覚があって、"自分とは違う種族"みたいに感じていたわ。だから、女の子と遊んだり話したりしているほうが、のびのびと自分らしくいられたのよね。

　この頃になると、やはり男女で分けられる機会が増えてくるから、そういうときはどうしても男子の輪に属さなければならない。だけど、どうしてもうまく馴染めず、違和感とフラストレーションを感じていたの。周りを見渡して、なんの疑いもなくそれぞれの輪に属する彼ら彼女らを羨ましく感じていたのと同時に、こう感じているのは自分だけなんだ、という孤独感や疎外感も勝手に感

じていた気がするわ。

　男の子である私が、女の子とばかりつるんでいると、「あいつ、なんなの？」「女好き？　チャラくね？」みたいに中傷されたり、中性的な部分をからかわれたりもしたわ。1つ上の男の子に木陰に連れて行かれて、「お前調子乗るなよ」と詰められたこともあったわ（笑）。今の私なら反撃できるかもしれないけれど、当時の私はただ黙って、下を向いて耐えるしかなかったわ。

　そう、私にもそんな時代があったのよ。最初から強く生まれてきたわけじゃない。

　周りが違和感に対してネガティブな視線を向けてきたり、攻撃や嘲笑が増えていくにつれて、私は「ありのままの自分を出してはいけない」と思うようになった。自分を守るために。

　うまく、自分を偽らなければ。

　具体的には、わざと男っぽく振る舞ってみたり、好きな女優さん、女性アイドルの話をしたり。本当は、イケメン俳優の話がしたかったのに（笑）。

　それでも驚いたり、ふとした瞬間に「キャッ！」っとオネエがはみ出る瞬間があったり、女子と話しているときのほうが楽しかったりしたから、バレバレだったと思うけれど。

総シカト、イジメ地獄を経て
派手ギャル中学生に変貌！

　中学生に上がって、人生初のイジメにあったわ。
「おはよう」と挨拶をしても誰も目を合わせてくれなか
ったり、仲がよかったはずの男子グループの子たち全員
から無視されたの。どうやら、そのグループのボスが私
を気に入らなかったらしく、「無視しようぜ」というこ
とになったみたい。のちに、みんな謝ってくれたけれど。

　悲惨な状況に見えるけど、そんなときに救世主が現れ
たのよ。特定の派閥に属するわけでもなく、全員と平等
に仲良くしている一匹狼のようなタイプの男の子が、「お
前、大変だな（笑）」「なんだよ、普通にいいやつじゃん」
と話しかけてくれて。彼のおかげで、最悪な状況から脱
することができたから、とても感謝しているわ。

　総シカト地獄のイジメから脱したあと、もう二度と同
じ目にあいたくないと思った私は、どうすればイジメら
れずにすむのか考えてみたの。出した答えは、「派手に
なる」「目立つ」こと。逆転の発想すぎるかもしれない
けれど、当時はそれしか思いつかなかったわ。突き抜け
てやろうと思ったの（笑）。

　俗に言う、グレるとかヤンキー化するとかではなく、

自分のかわいいを追求しながら派手に盛っていくことにしたの。当時私はギャルになりたくて（笑）、髪を染めてエクステをつけたり、日サロで肌を焼き、鼻にピアスをしたり。それがかわいいと信じていたの（笑）。

　授業にもろくに出ず、近くのカラオケに行ったりしていたから、周りからはグレたと思われてしまっていたかもしれないけれど、ただ虚勢を張っていただけ。またイジメの対象にならないように。

　当時、『egg』『Ranzuki』や『men's egg』『MEN'S KNUCKLE』と、ギャル、ギャル男ファッション誌を愛読して研究していたの。その頃はすでにギャル文化の終わり頃で、周りに同じような子はいなかったけれど。

　結果、イジメは消滅。見た目を派手に繕って見返したいとか、そういう気持ちは特に無くて、からかわれたりイジメられることなく、静かに暮らしたかっただけなのよね。先生には、初めのうちこそいろいろ注意されたけど、次第に外面より内面を見てくれるようになったわ。すごく恵まれた環境だったと思うの。感謝しているわ。

前略プロフでカミングアウト
パギャルなガングロ高校生

　高校に入学してからは、中学時代のように自由に過ご

せるわけではなくなって、どんどん落ち着いていったけれど、しばらくはギャルの名残りで肌は真っ黒だったかも。田舎だったから、都会のギャルほど素敵にはなれなくて、要するにパギャル（半端なギャル）だったわ。

　先輩方からはとにかく嫌われて（笑）、一度3年生の先輩に、「挨拶がねーな」と廊下で絡まれたり、肩を思い切りぶつけられたりしたことがあるわ。

　それ以降は、ビビリながらも、会うたびに「こんにちは」と声をかけてみたの。そうしたら、「お前、悪いやつじゃねーな」と謎に心が通い始めて（笑）。逆にかわいがられたりしたわ。「挨拶ない」と言われたから、普通に挨拶するようにしていただけなんだけど（笑）。

　そうそう、ちょうどその頃、「前略プロフィール」や「Chip!! プロフィール」という、自分のプロフィールを書く掲示板が流行っていたの。項目の中に「ここだけの話」というのがあって、そこに「実はバイです」と書いてみたの。「女の子が好きだけど、男の子も好きです」くらいな感じで。私のプロフには毎日何千アクセスもあって、高校に入ってからも「前略見てます」って言われたりしたこともあったの。そこから、自分のセクシャリティについて少しずつカミングアウトしていったわ。
「キモイ」と陰口を叩かれることもあったけど、気がつ

いたら、周りの全員が知ってるくらいの状況になっていた。女子はみんな割と寛容で、否定的なことを言われた記憶はない。男子のほうが、くだらないことを言ってきた記憶があるわね。「俺のこと狙うなよ」「好きになるなよ」とか。馬鹿じゃないの？　私、面食いなんだけど（笑）と、内心、呆れていたわ（笑）。

私はこの先どうなるの?
学生時代の恋愛事情

この辺で、恋愛のお話もしてみようかしら。初恋は幼稚園のときで、相手は男の子。小学校高学年から中学にかけても、好きになるのは男の子だった。それが普通ではない、大多数ではないことはわかっていたから、恋バナも聞き手に徹していたのよね。中学時代、男ぶっていたときは、ときどき女の子から告白されたこともあったわ。友達として優しく接していたつもりだったけれど、勘違いさせてしまったのかもしれない。

自分でもいろいろと疑問に思っていた時期だったし、付き合うということ自体に憧れもあったから、最初に告白してくれた女の子と付き合ってみることにしたの。でもやっぱり、恋愛感情が持てなくて。結局、すぐにお別れすることになったわ。

　思春期真っ只中、周りに男女のカップルが増えていく
中、漠然とした不安を抱え始めたの。私はこの先、どう
なるんだろう？　このまま過ごしていくとして、男同士
で結ばれることは、あり得るのかしら？　私みたいな人
はどれくらいいるんだろう？……みたいな。みんなとは
違うモヤモヤを抱えて生きていたかもしれない。

目と目で通じ合うクリス！
「BITCH」の原点

　そんな私が高校で出会ったのが、留学生のクリス。私
は小学校の頃から洋楽や海外ドラマが好きで、英語の勉
強のために字幕をつけずに海外ドラマを観たり、英語の
歌詞を訳したりしていて。そのおかげで英語の成績はよ
かったから、高校も英語に力を入れている学校に進学し
て、留学生とも交流ができたのね。

　クリスと出会ったとき、目と目で一瞬で通じ合ったの。
お互い、「お仲間ですよね？」みたいな（笑）。残念なが
ら、お互いに恋愛対象というわけではなく、お友達とし
てすごく仲良くなって、「リアーナの新曲やばくない？」
と、『Umbrella』のサビを一緒に歌って踊ったりしてい
たわ。彼と話すことで、発音のレベルも会話力も格段に
上達した気がするの。クリスは5秒に一回くらい、

「BITCH！」と言うし、彼からは教科書に載ってない汚いワードも、たくさん教えてもらったわ（笑）。

　男らしさ、女らしさに敏感だったから、英語でもそうなのか調べてみたの。例えば、Very のことを So って言うと女性らしい言い回しになるんだな、とか。クリスは So をよく使っていたし、ストレートの男性同士ではあまり使うことのない BITCH という言葉も多用していた。彼の存在は「こんなに隠さない人もいるんだな」と衝撃的だったかもしれない。それまでの私は、本当の自分をいかに隠すか、そればかり考えて生きていたから。

マライア・キャリーに感涙
歌手を目指して東京へ！

　英語の他にもうひとつ、音楽もすごく好きだった。私の家族は全員歌が上手で、母の前で歌うと、音程のミスを指摘されたりしていた。小学生の頃、初めて友達同士だけでカラオケに行ったとき、みんなから「うまい！」と褒められたの。その時に初めて、音程が取れることは特別なことなんだ、と気がついたの。

　中学生のときにマライア・キャリーの自伝映画を観て、彼女の歌声で涙が出るほど感動して、歌声だけでこれだけ人を感動させられるなんて本当にすごい！　私も

歌手になりたい！　と思ったの。そのときから、歌手に
なることが私の大きな夢になったわ。

　高校卒業後に上京したのも、音楽活動がしたいっていう
うのが主な理由。大学に進学すれば、4年間の猶予がで
きる。だからYouTubeで「歌ってみた」をやったり、
ライブハウスでライブ活動をしたり、友達とオリジナル
曲を作ってみたりと、いろいろやったわ。

　若かったからこその根拠のない自信があったし、実
際、1本の歌ってみた動画が600万回くらい再生されて、
たくさんのレコード会社から連絡が来たりしていたの。
でも、「特待生になりませんか」「オーディションに出ま
せんか」という内容がほとんどで、すぐにデビューに結
びつくような話ではなかったわ。当時の私にもっと行動
力があったら、何か変わっていたかもしれないけれど、
私はそこで何もアクションを起こさなかったの。

汚部屋生活から心機一転！
『THEカラオケ☆バトル』優勝、
インフルエンサーへ！

　大学の4年間では音楽への道が開けず、それでも諦め
きれなかった私は、30歳までは夢を追ってみよう、と
いう目標へ切り替えた。それでもなかなか芽が出ず、た

だただ月日が流れていく状態が続いたわ。

　オーディションを受けて声をかけられて、スカウトだ！　と思ったら、レッスン料いくらでどうこう、という話で落胆するとか。22歳から26歳まではどん底（笑）。本当は音楽活動に時間を割きたいのに、生きるためには別で仕事をしなければならなくて。夢や希望では家賃や光熱費は払えないもの。

　夢もダメ、恋愛もダメで、心が荒みきっていたの。部屋を片付ける気力すらも失って、散らかり放題でゴミだらけの部屋に。本当にあの頃は、鬱の一歩手前だったんじゃないかと。息子の危機を察知した母が助けに来てくれたことで、本来の自分を取り戻すことができたけれど。

　私が停滞している間にも世の中は動いていて、マイノリティであるLGBTQの人たちが少しずつ表に出るようになっていた。私もどん底の停滞期をなんとか変えようと、当時の職場を辞めて、池袋のゲイバーで働いてみることにしたの。割と接客業には向いていたらしく、お店の雰囲気にも、お客様にも馴染むことができて、やっと気持ち的に浮上することができたの。

　2年ほど前だったかしら。YouTubeのチャンネル登録者の方からDMが来て交流するようになったの。『THEカラオケ☆バトル』に応募してみたら？　と言っ

てくれたのもその人。そこで優勝したことで、またさらに自信を取り戻せたわ。

　同じ頃、コロナでお店が休業になったことで暇な時間が増えたから、TikTok を始めてみたの。当時、ボカロ曲である『It's a whole world』という楽曲が TikTok 内で流行っていて、そのメロディーで替え歌を作ったの。お店が休業になり、毎日家でダラダラしている自分に対する自虐的な意味合いで、ニートの心情をテーマに作詞してみたところ、それがすごくバズってくれて。すごくうれしかったのを覚えているわ。

　こうしてインスタや TikTok のフォロワーさんが増えてからは、インフルエンサー的なお仕事も増えていったわ。今ようやく、人生が少しずつ変わり始めているところ。BITCH シリーズが生まれてからは、より多くの皆さんに知っていただく機会が増えてとても嬉しいの。私の言葉で「救われた。」とか「元気が出た。」と言ってくれる皆さんがいるおかげで、こうして本まで出版できる運びになったのよ。信じられる？　だけど、まだまだ序章。これからもっと輝かしく変わっていくと、自分で自分に期待しているわ。

　これからも花上惇をよろしくお願い致します♡

Family

is

a life jacket

in the stormy

sea of life.

J.K.Rowling

家族とは荒れ狂う人生の海におけるライフジャケットだ。
(J.K.ローリング)

DESIGN YOUR LIFE

自分で人生をデザインして

CHAPTER.4

LOVE

Cherish yourself.

明日告白するから
応援してほしいって？

BITCH!
You look fabulous（あんた鬼盛れてる）
You are beautiful inside and out
（美しいわよ　見た目も中身も）

この惑星（ほし）には約79億人もいるの
その中出会って恋をしたってことは
誰が何と言おうと『運命』よ
とびっきりかわいいメイクして
お気に入りの靴で頑張んな
もし仮にダメで泣きたくなったら
私の爆乳貸してあげるわよ♡
友達ってそのためにいると思わなーい？

JUST GO GET'EM（ブチかましてきな）

じゃあね♡

告白って、かなりの勇気がいるわよね。

私の場合は、基本勝ち戦しかしないの（笑）。成功するかどうかわからないけど、とりあえず1回告ってみるっていうのができないの。絶対に「イケる！」って確信が持てたときしか自分からは行けない。

その確信を得るまでの行程としては、それまでに普通に食事したり、おしゃべりしたりしているときの**一言一言を逃さないこと**かしら。

「興味なかったら、そんなこと言わないわよね？」

「あら？　今好意を示してくれた？」

そういう一言を逃さないよう、アンテナを張りつつ、数回2人きりで食事に行く、向こうから頻繁に連絡が来る、夜だけじゃなく昼でも「会おう」って言ってくるとか、そんな感じ？

ヤリモクとかじゃなくて、シンプルに興味、好意を持ってくれているかどうかの判断基準になることを集めていくの。「ランチしようよ」って誘ってくれるのも、私的にはポイント高いのよね。

いろんな積み重ねとデータを得た上で、「これ、イケんじゃね？」ってなったら、やっとそこで告白っていう行動まで辿り着く。

逆に、「なんでこんなに興味持ってくれないんだろ？」

ってときは動かない。

　私はそういうやり方だけど、気持ちを伝えたいって思ったら、そこは素直にいっていいと思うわ。**だって、伝えないことには伝わらない。**察して欲しい、みたいなことには限界があるでしょ。

　「私はあなたのことが好きなんです！」って伝えることは潔いわよね。今の私には、それがどうしてもできないんだけど（笑）。

　告白させるタイプかって？

　どちらかと言えば、そっちかもしれない。「うちらの関係ってさ～」って私から切り出しつつ、向こうに「じゃ、付き合いませんか？」って言わせることのほうが多かったかもね。

　でも、どちらから告白したかなんて、ぶっちゃけ、どうでもいいと思う。たまに、そこに異様にこだわる人もいるけど、好きな人相手にそんなマウントいらなくない？　意味わかんないわ。

　人を好きになるってすごいことよ。**恋人同士になれなかったとしても、出会ったこと自体が運命だと私は思ってる。**だから、伝えたいときが "その時" なのよ。

Just take a chance!

（せっかくのチャンス、ものにしな！）

　失敗したからって死ぬわけでもなし。私だって大失恋は経験してる。中学のときに好きな子がいて、付き合っていたのか、そうじゃなかったのかは曖昧なんだけど、両思いだったことは確かだと思う。彼のことはちょっとだけ好きな人のまま、いまだに心のどこかにいるわ。

　決定的に恋が終わったのは、先輩からバラすって言われたことが原因。彼が「お前ともういられない」って。あれが初めての大失恋ね。あのときの彼の言葉は、今も覚えてるし、この世の終わりってぐらいに絶望したのを覚えているわ。

　勝ち戦しかしなくなったのは、大人になってからね。学生時代、野球部のノンケの子に告白したら、「ありがとう」とだけ言われたの。成就こそしなかったけれど、これだけ好きになったんだから、この気持ちが行き場のないまま終わらなくてよかった、って素直に思えたわ。伝えられて、相手に知ってもらえてよかったって。今ではいい思い出よ♡

　もう、あの頃みたいに情熱的に好きになれる相手に出会えるかは自信がないわね。都合のいい男の子は2〜3人欲しいけれど♡（笑）

女からグイグイいくの
どう思うかって？

BITCH!
It's 2022（今は 2022 年よ）
Once upon a time（むか～しむかしあるところに）
じゃないんだから

自分のよさは自分が一番　よくわかってるはず
アピールしてなんぼじゃなーい？
男も女も（※オカマも）
It makes no difference（変わらないわよ）でしょ？

"幸せ" はあんたを　スカウトしに来ないわよ
こっちから積極的に　履歴書送りましょう

じゃあね♡

えっ、なに？

「女からアプローチするのはハシタナイかしら？」って
こと？

　ちょっと、あまりにビックリしすぎて、ついうっかり
昔話が始まるときのお決まり英語フレーズが飛び出しっ
ちゃったわよ！

　感情として、自分からアプローチすることに躊躇して
しまうのはわかるわよ。私も昔は、自分から好意を示し
たり、誘ったりってことがなかなかできなかった。気持
ちで動く前に、こう、頭の中であれこれ考えちゃうのよ
ね。

「誘いを断られたらどうしよう？」

「重く受け取られて、避けられたら？」

「今までの関係が変わっちゃうかも!?」

　ネガティブな予想は次から次へと浮かぶもの。自分に
自信がないと、どうしてもそうなるわよね。自分がもっ
とかわいかったら、こんなことで悩まないのに……って
思うかもしれない。

　でも意外と、かわいい子が自信を持っているかという
と、そうでもないのよね。特に若いうちほど、誰もが自
分に自信なんてない。

　私が自分からアプローチができるようになったのっ

て、この"自信"の部分が関係していたと思う。それは見た目のことだけじゃなく、人としての自信ね。

この核となる部分がしっかりしてくると、「どうせ私なんか」という卑屈さゆえの奥手さはなくなってくる。性格的な部分もあるから、どうしても自分から話しかけに行けないって人は、別に無理する必要もないんだけど。「女からグイグイいくのはどうなのか問題」の理由として、人からどう見られるかを気にしがちっていうのもあるわよね。男性が積極的にアプローチするのは"男らしい"になるのに、女性が積極的になると、「男好き」と言われたり。今でもまだあるわよね。あれってホント、なんなの？

女性は男性に依存しなくても生きていけるようになったし、女性だからって過度に制限されることなく、生き方だって自分で選べる時代でしょ。だったら、男も女も関係なく、自分から選択しに行っても問題なくない？

人生、動いた者勝ちなのよ。

仕事だって恋愛だってそう。ただそこにいて、微笑んでいるだけで男が寄ってくるような女性なんて、何千人、何万人にひとりとかじゃない？

見た目だけじゃない魅力って、やっぱり触れ合ってみ

ないことには伝わらない。

It doesn't matter if you're a man or a woman
（あなたが男だろうが女だろうが関係ない）
Go get 'em（him、them）（取りに行け！）

　周りにどう思われるか、相手から引かれるかも、なんてネガな考えで停滞しているくらいなら、グイグイ、とまではいかなくてもグイッと寄っていってもいいんじゃない？

　踏み出してみて、ダメそうなら別の方法を考えるとか、まずは動くことから始めてみましょう。撤退することになっても、それは全然恥ずかしいことじゃないし、ましてや失敗でもない。

　むしろ、勇気を出して踏み出した、尊い軌跡よ。

「グッジョブ、自分！」

　って自分で自分を褒めてあげましょ。

　うまくいったら、それはそれで儲けもんってことで。そのときは、ちゃんと私にも報告しなさいよ♡？　ふふ。

体の関係から始まる恋は アリかって？

BITCH!
OF COURSE（もちろんよ）
アリに決まってね？
物件借りるときは内見するし
車買う時は試乗するじゃない

付き合った後にやべぇ性癖わかっちゃうほうが
DISASTER（最悪）でしょ
誰彼構わずっていうのはどうかと思うけど
この人しか勝たん♡♡って思えたときは
What are you waiting for?（ぐずぐずしないの）
Just go for it（とりあえずいったれ）

あ
そういえばミッドタウンにできた新しいクラブ
イイ男が芋洗い状態らしいわよ
金曜の夜
大暴れしに行きましょ♡
じゃあね♡

　以前、私のTikTokerの先輩が、何かの会話だったか、動画の中で「試乗しないのか？」って言ってたことがあって。

「体の関係から」っていうテーマを考えたときに、まず、この"試乗"ってワードが浮かんだのよね。

　高いお買い物、大切なお買い物ほど、購入する前に試すのって重要じゃない？

　試食とか試着とかいろいろあるけど、その中でも、「試乗」と「内見」ってマストだと思うの。家を借りるにしろ、車を買うにせよ、事前の調査やお試しをおろそかにすると、大きなお買い物なだけに、あとあとダメージが大きいでしょ!?

　恋愛も同じじゃないかしら。

　凄くいい人だったのに、付き合った後、いざ営みになったら、耐えられない性癖が判明!!　なんてかなりキツい。

"slut"（スラット）＝ヤリマンになれって言ってるわけじゃないのよ。

　この人と将来、付き合うことになったらいいなってときに、もし、機会が訪れたとしたら、試してみてもいいんじゃない？　ってこと。

「やり逃げされるかも」ってリスクが脳裏をよぎって、

躊躇してしまうかもしれないけど、それだって考え方次第よ。**「こっちが抱いてやった」くらいに思えばいいわ。**

　だって、自分もその人のこといいなって思ってるわけでしょ？　それなら、飛んで火にいる夏の虫じゃない。行ってみたら？

　もしもその後、連絡が途絶えたとしても、「いい思い出をありがとう♡」「ご馳走様♡」でいいのよ（笑）。

　私だったら、絶対に付き合う前に体の関係を持ってみる。その後、恋愛関係に発展したときのためにもね。

　あれこれ頭で考えたり、なかなか正解に辿りつけないで悩んでいるくらいだったら、サッサと乗っかってみたらいいのよ。

「この人との未来はどうかしら？」

「相手の気持ちも自分の気持ちも曖昧だけど、今の段階でそういう関係なってもよいもの？」

　迷いなく「好き！」って感じじゃない場合、会う回数を重ねて感情が変わっていく場合もあるけど、そうじゃないことだってある。

　1回の試乗でわかることって意外と多いものよ。ダラダラ時間をかけて探り合うより、「ここらで一発いっとくか！」って思い切りよく飛び込んだ方が、かえって効率良く関係を進められたり、終わらせてくれたりするの

よね。

　もちろん、確実に恋愛感情が芽生えていて、未来を感じたときに機会が訪れたなら、私だったら絶対に逃さないわ。

　相手にとってはSEXすることがゴールで、そこから先がなかったとしても、そういう男に惹かれてしまった自分を、「どうかしてたわ……」ってしばし反省して、あとは切り替えればいいだけ。

　そういう男を寄せつけてしまわないよう、もっと女磨きに力を入れてみるの。男が軽い気持ちで手を出せないくらい、いい女になればいいだけの話。そういう気づきを与えてくれたんだって思えば、あとは上がるだけじゃない？

あなたは何も失ってなんかいない。
ひとつ、経験を積んだだけ。
　そんな自分の勇気を讃えてもいいくらいなんだから！

不倫について
どう思うかって？

BITCH!
もう最悪
誰も幸せにならないわよ？
それにウチらは2番手に甘んじるような
安い女じゃないはず
極上よ？
そもそも大切な人を裏切って
あんたをキープしようとするなんて
He's not good for you（いい男なわけないのよ）
Definitely not（絶対違うわ）

あんた今この瞬間が一番若くてキレイなのよ
Life is too short（人生ってクソ短いんだから）
Don't waste it girl（無駄にしちゃダメよあんた）

一番に愛してくれる男こそ女をキレイにすると思わない？
あ
そういえばこの2〜3ヶ月
あんたちょっとおブスになったんじゃない？
その理由ちゃんと考えてみたら？
電話して♡
じゃあね♡

　この問題はね、遅かれ早かれ投稿しなきゃいけないと思っていたの。

　なぜなら、私の友達にもいるのよ、Ｗ不倫してる子が。もう数年って感じになるのかしらね。実は私、お相手の男性のことも知ってるの。私も昔から知っている方で。まぁ、私には関係ないし、好きにしたら？　ってスタンスではあるんだけど、正直誰も幸せにならないし、傷つく人が多すぎるわよね。

「もし、バレて離婚だなんだってなった場合、慰謝料とかそういうこと考えたことあるの？」

　って聞いたら、「だよね〜」で話が終わったわ。

　そもそも、なんで私に話したのか、その真意もよくわからない。惚気たかったのかしら？　久々に訪れた、ウキウキ恋ライフに浮かれて、話したくなった可能性は高いわね。そういう顔だったもの。そもそも、女子って話したがりだから。

　彼女の場合はどちらにもパートナーがいて、どっちにとっても美味しいとこ（恋愛）取りだから、立場はある意味、対等よね。

　でもこれが、奥さんがいる男性とシングルの女性っていうケースだと、女性側は明らかに、２番手になるわよね。このパターンで悩んでいる女子に言っておきたいの。

**「一番に愛してくれる男こそ、女をキレイにすると思わ
ない？」**
**「この2〜3ヶ月でアンタ、ちょっとおブスになった
んじゃないの？」**

（意味：それは、一番に愛してくれる男と付き合ってな
いからよ！）

　今、あなたがのめり込んでいしまっている恋は、幸せ
な恋愛じゃないのよって、気づいて欲しいの。

　ぶっちゃけ、私だって浮気はしたことあるわよ。でも
相手にパートナーがいてっていう人と付き合ったことは
ないわ。もちろん、浮気をされたこともある。えっ、聞
く？（笑）

　昔、当時の彼がヘルニアで腰やっちゃって、動けなく
なったことがあるの。で、救急車で運ばれちゃったのね。
彼からは、「携帯預けるから　親と連絡取り合ってもら
える？」って頼まれて。それで、私が彼のお母さんに連
絡をして、お母さんが車で病院まで駆けつけたのよ。

　そのとき、事件が起きたわ。

　彼の携帯にLINEが来て、内容は忘れたけど、明らか
に友達に送るような文言じゃなかったの。

　それ見て「やってんな〜」って急に冷静になっちゃっ
て。病室で腰の痛みに苦しむ彼に対して「話したいこと

があるんだけど」って詰めたわ。容赦ないでしょ（笑）。

「お前、言うことあるだろ！」

「救急車呼んで、入院手続きもして、お母さんも呼んで
あげたのに、この仕打ちかよ!?」

って。そしたら「うん……」って即、認めやがったの。

なので、こっちももう、次の男を探すことに致しまし
た♡

私は浮気が判明したら、すぐに冷めます。実際、その
ときも「無理」ってなったしね。そこまで夢中じゃなか
ったのかも（笑）。

人の人生をとやかく言う権利は誰にもない。人に言え
ないようなことをしていたとしても、その人の人生で、
その人の責任よね。

「やめたほうがいいんじゃないの？」って提案、助言は
するわよ。友達だもの。けど、最終的な選択はその人が
するものだから、「私、バカだったわ」って気づくまで、
待つしかないわね。

自分から終わらせたら、「よく頑張った！」って、褒
めて、なぐさめてあげるわ。

もう一度、冷静になって考えてみたらどう？

男同士の恋愛は
どう思うかって？

BITCH!
そんなのアリに決まってね？

男同士だろうが女同士だろうが　当人同士が幸せなら
It's all good (それでいいのよ)
誰かの物差しで生きるのやめてみたら？
男女の恋愛が当たり前なんて誰が決めたわけ？

自分基準
世間体なんて
I don't give a fk (知ったこっちゃねぇ)**
の精神でいきましょ♡
It's your life
Not anyone else's
(あんたの人生よ　誰のものでもないわ)
そうでしょ？

あ
そうだ　あんたこの後、暇？
BARNEYS 行くんだけど一緒に行かない？
アリぃ〜♡
じゃあちょっとメイク直してくるわね♡
じゃあね♡

　LGBTQ＋の概念は広く知られるようになったし、私が当事者であることも、この本を手に取ってくれたみんなは知っていると思う。マスメディアでもポジティブな形で取り上げられることも多く、番組を楽しく盛り上げるオネエ系タレントのみなさんの姿も一般的になってきてる感じよね。

　昔と比べれば、かなり生きやすい環境になってきているとは思うけど、それでも、まだ悩んでいる子はいるのよね。まだどうしても、カップル＝男女って価値観がメジャーな中で、自分が人と違うということで苦しんでいる。かつては、私もそうだったわ。当事者なだけに気持ちはすごくわかる。

　でも、だからこそ言いたかったのよね。**「誰かの物差しで生きていても、それは自分の人生ではないわよ」**って。人がどう思っても、自分の人生は自分だけのものなの。男である私が、当たり前のように「ちょっとメイク直してくるわね♡」って言うのは、そう話すこと自体が、強いメッセージになるかも……と思うから。

早く時代、追いついていただける？♡

　実は、常日頃、ゲイの男性からのお悩みもDMでたくさん寄せられているの。

「肩身が狭いです」

「親に言えない」

「でも理解して欲しい」

　私もずっと言えなかった。親にカミングアウトすることが、必ずしも正解で、いいことだとも思えなかったし。言いたくないのなら、無理して言わなくてもいいと思うわ。私もそうだったし、その必要も感じなかった。だって、「私はゲイです」という、このたった一言が与える影響って大きいもの。

　ゲイだということは、同性婚が認められていないこの日本では結婚をしないことを意味するし、子供をつくることもないということ。

　親はきっと、奥さんをもらって結婚して欲しいと思うだろうし、孫の顔も見たいはず。その望みを断ってしまうのは酷な話だと思うもの。大切な親に悲しい思いをさせたくはないじゃない。

　自分としては打ち明けることでスッキリするかもしれないけど、それはエゴなのかな、大事な親だからこそ言わないほうがいいのかなと思っていました。

　転機が訪れたのは、『THEカラオケ☆バトル』（テレビ東京系）に出演することになったとき。歌唱前に流れるインタビュー映像の撮影場所が、局側の希望により、当時、働いていたゲイバーでの撮影だったのよ（笑）！

　親もテレビで観て知るより、事前に知っておいたほうがいいでしょ？　だから、自分の口から伝えるのなら今だなって。それが今から2年くらい前。あのときが、私にとってのタイミングだったけど、「言う」「言わない」の決断も時期も、人それぞれよね。

　権利を主張しすぎるのもどうかと思うけど、知ってもらうのは大切なこと。人って、知らないものは怖いし、怖いものは攻撃したくなる。攻撃されないためにも、「こういう感じですよ〜」ってわかってもらうのも、いいかもしれないわ。

　逆を言えば、私はノンケの人たちの気持ちってよくわからないの。というか他人の気持ちなんて、わからなくて当たり前よね。100％理解するなんてできっこないんだから、自分と違うセクシャリティを持った人のことなんて、理解が及ばなくて当然なのよ。

　理解とは、噛み砕いて消化すること。消化不良でも、お互いが攻撃の対象にならなければ、それでいい。そういう存在の人もいるんだってことだけわかってくれたら、それ以上は求めないわ。だから「理解してくれない」って落ち込みすぎず、ヘタに干渉しすぎず、堂々と自分の人生を歩んでいけばいいのよ。

彼氏に浮気された？

BITCH!
それはよかったじゃない
He's just an asshole（彼がただのクソ野郎）

ってことが分かったんだから
何も知らずに結婚なんかしてごらんなさいよ
It's a nightmare（悪夢だわ）

この先の不幸を回避できたってことじゃない
そんな男のために人生　棒に振らずに済んだのよ
**So just let it go and move on to the next one
（さっさと切り替えて次の恋に進みなさい）**

この星には約39億人も男の人がいるのに　わざわざクズを選ぶなんて
どうかしてる
BITCH
Pull yourself together（しっかりしなさい）

さっさと切りなさい
じゃあね♡

　私が友達からこう相談されたら、心からの笑顔で、「よかったじゃない！　今わかって！」って彼女の幸運を祝福するわ。付き合いが長くなって、人生を共にしようとなる前に判明して、むしろよかったって思うから。

　それに浮気って、みんなしてるわよ、大体。っていうのは言いすぎかもしれないけど（笑）、浮気問題って絶対になくならない永遠のテーマよね。

　浮気に対する見解や対処は人それぞれだと思うんだけど、私の場合は、彼が自分といないときに何をしていようが、自分にバレなければ浮気はしていいって思ってるの。

　ま、私は気づいちゃうんだけどね（笑）。

　ちょっとした変化、普段と違う何か、違和感みたいなものには敏感だから、すぐに察知しちゃう。あ、何かやったなコイツって。

　そんな私を欺けるなら、やってごらんなさい！　その代わり、バレたらわかってるわよね？　もう、容赦なく詰め詰めでいくから覚悟しなさいよって（笑）。超ムカつく気持ちを一旦抑えて、冷静に証拠を集めていくわよ。そうなったときの私は無敵。捜査一課も顔負けの手腕で、証拠を突きつけて徹底的に取り調べをして、余罪を追及します！

浮気が判明したとき、私は「好きな人に裏切られてショック……」ってなるより、「私というものがありながら、私という最高の相手と付き合っておきながら浮気をするなんて、どこまでセンスないのかしら」って怒りを通り越して呆れちゃう。自己肯定感なんて、高すぎなくらいで丁度いいのよ。

　浮気をされて、しかもメンタルまで傷つけられるなんて、こっちは何も悪いことしてないのに、そんなダメージ受けるの最悪じゃない！

　昔はね、「こんな私と付き合ってくれて、ありがとう」みたいな子だったのよ。それがいつの間にか、「私と付き合えるんだぞ、感謝しろよ！」になってたわ（笑）。

　いや、だって、**マジで「こんないい子いないわよ？」ってくらい、私って最高なんだから♡**

　そんな私を欺いたんだから、それなりのフォローはしてもらわないとね。

　というわけで、私はもらうものをもらって、サッサとお別れします。許すフリをして欲しい物を手に入れてから捨てる、っていうのもいいわね（笑）。だって、それ以上のことをして、私のことを傷つけたのよ!?（傷ついていないけど）

　これはあくまでも私のケースであって、感情は人それ

ぞれだから。ショックを受けて傷ついてしまったけれど、でも別れたくない、っていう気持ちの人も、多分いるわよね。

それなら、最終的には許すしかない。でもさ、一度そんな浮気の事実があった上で、また前と同じように信じられる？

どれだけ今後は誠意を証明するからと謝られたとしても、"信頼貯金"を一生懸命貯めようとしてくれたとしても、もう満タンになることは絶対にない。

いつも心の片隅に不安を抱えながら、自分の中の猜疑心をなだめながら、付き合っていくことになる。私はそれがわかっているから、そこで関係を終わらせるの。確実に私の精神を乱すであろう要素を、自分の人生に残しておきたくはないから。100％信頼できない人とは、もうそれ以上、付き合い続けることはできないわね。

浮気される側にも問題があるっていう意見に対しては、誰がそう言うかによる。浮気した本人が言ってきたら、「お前が言うな」って話でしょ。

裏切った側が100％、悪い。自分を責める必要なんてないから、そんなのに惑わされちゃダメなのよ！

いい男に
出会えないって？

BITCH!

People around you are a reflection of who you are
（あんたの周りにいる人は　自分を映す鏡なのよ）

あんた鏡見てごらんなさい
そうやって愚痴ってる　あんたの顔ちょっとだけ
おブス
マンハッタン1のいい女が台無しよ
眉間にシワ寄せてる女より
法令線にファンデーションがたまるぐらい
笑ってる女のほうが　魅力的だと思わない？
素敵な男に出会うには　まず自分が素敵でいないとね

Laughter is the key to happiness
（"笑う門には福来る"よ）

だってウチらの笑顔には
100万ドル以上の価値があるんだから
あ
そうだ、明日のランチ
スタンフォードがまだ呼ばれてないって怒ってたわよ？
12時
タクシーで拾ってあげる
じゃあね♡

　ごめんなさい、今回はちょっと厳しめよ（笑）。でも考えてみて。愚痴ってる人ってだいたい、おブスじゃない？　顔の造形がとかではなく、マインドというか、文句を言っているときの表情がってことね。

「とにかく出会いがない！」

「ハァ……どこかにいい男いないかしら？」

「マジで、だれか紹介して欲しいんだけど！」

　この辺は、女子会で定番のセリフよね。

　まぁ、わからないでもないんだけど、あんまり繰り返し言ってると、聞いてる側としては「アンタ、いつまで言ってんのよ！」ってなっちゃう。

　いい男がいないってよく言ってるけど、じゃあ、自分はどうなの？　って。友達がそんな話を始めたら、「そうだよね〜」「なかなかね〜」って言いつつ、聞き流すわね（笑）。内心、あ〜、また始まったかって（笑）。

　実は以前、水商売をしていた頃、勤務を終えたキャバ嬢が夜中に一人で飲みに来て、よくそんなふうに愚痴ってたの。

　こっちも仕事だから、「わかる〜！」なんて同調しつつ、内心「あんたがその価値に見合ってないだけなんじゃない？」なんて思ってたの（笑）。

　客商売でストレスがたまっているのもわかるんだけ

と、そんな発散の仕方で、上手く気持ちが晴れるのかしら……って。

　私だって、「いい出会いがないな」って思うことはある。だけど、それは自分の周りに存在していないんじゃなくて、自分のせいでチャンスを取り逃がしてるんだろうなって思い直すの。

　自分がいい男に見合う人になっていないとか、出会えるよう行動していないとか。運もあるけど、きっと自分にも原因はあるのよねって。

　愚痴る人って、どこか人のせいにしてるのよ。

「（自分はいい女なのに）いい男と出会えない」っていう、本人は無自覚かもしれないけど、そういう意識が感じられるの。

　でも、たまに逆のパターンもあるのよ。本当にいい女すぎて、男が近寄れないっていう。相当自分に自信のあるナルシスト男じゃない限り、アプローチするのも尻込みするわってくらいの極上レディもいるわね。

　ただし、そこまで極上な例は少数だと思うから、呼吸するほどの頻度で「いい男がいない」って言ってしまっている人は気をつけて。生産性のない、センスのない愚痴は、自分の株を下げてしまうだけかもしれないわ。

　パートナーと出会いたい、でも出会いがないなって感

じているんだったら、それはもう行動するしかないの。今すぐにでも、素敵な男性と出会う準備を始めましょうよ。行動しつつ、備えておく。これが最強よ。

いい男はたくさんいるわ。ただ、出会っていないだけ。
それを人のせいにしないで。恋愛をしたいと思うのなら、気合を入れ直して重い腰を上げないと。

自分のスタイル（生活や、ファッションや、生き方）を見直しつつ、行動範囲を広げてみて。マッチングアプリやSNSを使ってもいいんじゃないかしら。周りに愚痴るのではなく、「いい人がいたら共有して♡」って種をまいておくくらいならいいんじゃないかしら。

私もその種まきが功を奏して、芽が出たことがあるわよ。キレイな花が咲いたわ。

割とすぐに枯れて散ってしまったけれど（笑）。

好きな人に送った LINE に既読がつかないって？

BITCH!
Wake up and smell the coffee
（いい加減目を覚ましなさいよ）

何かこの間もそんなこと言ってなかった？
あんた自分が最高に **HOT** で
LUXURY な女だっていう自覚ある？
GIRL
You deserve better（もっといい男いるでしょうよ）
Just try not to choose a guy who doesn't
respect your worth
（あんたの価値をわかってない男を選ばないように
気をつけな）

わかった？
待たないの
常に　男が "待ちたい" と思う女でいなさい
ヒラヒラ自由に優雅に舞っていなくっちゃ♡
'Cause we're freakin'（だってウチら女は）
BUTTERFLIES
でしょ？
じゃあね♡

　これは若い子に多い気がするけれど、本当にこういう相談が多いのよ。LINE の既読云々の話だけに限らず、自分を大切に扱ってくれない男性に悩む女の子たちからのヘルプ通知が止まらないの。

　この類の悩みを相談してくれる子に共通していることは、自分自身に自信がなさげで、なおかつ受け身になっているってこと。男性にパワーバランスを握られているというか。早く自分の魅力を思い出して、自信を取り戻してほしいってすごく思うの。

　私の場合、LINE がシンプルに苦手。というより、オンライン上でダラダラ他愛のない会話をすることが苦手なのよね。ブロックこそしないものの、すぐにミュートしがち（笑）。通知を長押しすると、未読のまま読めるじゃない？　それも結構、多用しちゃう（笑）。

　本当に用件があるときに使うぐらいで、コミュニケーションツールとして重視していないから、私は逆に、「既読にならない」「返信来ない」って待たせてイライラさせちゃうほうかもしれない。あなたの彼も、単純にそういう性格なだけかもしれないわよ。

　私はせっかちなのか、最初に結論を言ってほしい人なので、ムダなチャットラリーは本当につらい。最初に結論から入って、その後で詳細を順番に説明してほしいタ

イプ。

　で、結局なんなの？　っていう時間がすごく嫌いなの。今まで出会った男性で、個人的につらかったのは、毎日「オレ通信」を送ってきた人（笑）。逆に連絡来すぎてつらかったパターンね（笑）。えっ、メルマガ？　登録した覚えないんですけど。どうやったら解約できるのかしら？　って本気で悩んだことがあるわ（笑）。

　話がそれてごめんなさいね（笑）。

　LINEの既読に一喜一憂するのは、恋愛中心になっている証拠かもしれないわ。恋愛がすべて！　という考えが悪いわけじゃないけれど。振り回されているようなら、一度冷静になって欲しい。

　私は恋愛の優先順位が低めだから、彼氏ができても5位くらいよ。犬、家族、私、友達、そして彼氏。なんて偉そうなこと言ってるけど、私も学生時代は同じようなことで悩んでいたかも。なんで、連絡くれないんだろう？って。

　連絡の頻度が落ちてる気がする……気持ち冷めてきたのかな？　前は5分に一度の返信が、今では30分に一度になっている……なんて、今思えばくだらないことだったなと。

　私自身、社会人になって、忙しく日々を生きる中で、

そんなに頻繁に返信できるものじゃないことがわかってきたというのもある。でも、それは気持ちが冷めてきたからじゃない。**返信頻度＝愛情のバロメーターではないって、そこ直結させないほうがいいと思うの。**

ちなみに、**追いLINEはしないほうがいいと思う。ますます返したくなくなるから（笑）。**

社会人で普通に仕事をしていたら、そんなプライベートなLINEに対応する余裕がない方も多いのでは？　仕事ができる人ほどね。だからその彼も、恋愛以外にやらなきゃいけないことがありすぎて、恋愛に注力している余裕がない。「そういう時期」というだけかもしれない。真面目な話、ちゃんと両立できてる人って本当にすごいと思うもの。

あと、LINEでの駆け引きも、私ならしない。好きな人からの連絡に対する返信を遅らせて焦らす、というやつね。小賢しいわ（笑）。

好きという感情、出し惜しみしなくてもよくない？

悩んでいる時間が続くくらいなら、「このあと、会えない？」とストレートに誘ってみたほうがよくない？「反応が悪ければ次！」くらい執着しないほうが、意外とうまくいったりすることもあるかも。

男にヤリ捨てされたって？

BITCH!
I don't understand（意味わかんない）
AT ALL（ガチで）
そもそも全然　意味わかんないんだけど💢
なんでいつもウチら女が"される側"なワケ?!

私は私発信でいくわ
男が何人もの女をはべらせたら
"さすが"って言われるの
If a girl does the same thing, then she's a slut.
（女がそれと同じことをしたら　ふしだらな女扱いされるの）
そんなのおかしいじゃない？

You know what（あのさ、いい？）
ウチら女って超強い
自分をしっかり持って賢く生きてる
私は私の意志で　いい男を"抱く"わよ
Because this is my way of life
（だってこれが私のやり方だから）

So what's yours?（あんたは？）
じゃあね♡

　これ、いつの世、時代にもよく聞く話よね。男女格差について考える機会があって、そこで刺激されたことも含めて、頭の中にあった言葉をそのままストレートに吐き出してみたの。

　周りの女の子からも、「やったら連絡来なくなった」「ヤリ捨て最悪！」というような愚痴や悩みは、よく耳にしてきたわ。

　でも、こういうの、男性側から聞くことってほとんどない。だから男性側が抱く、女性側は抱かれるって発想なんだと思うんだけど、そもそも、それってどうなんだろう、と。

　まぁ体の構造的には、女性が受け入れる側ではある。でも私は、男性と一戦交（まじ）えるときはいつだって、自分も抱く側の意識で、というか、そこは**対等に「抱き合う」という意識で臨む（笑）**。積極的にいきたいし、必ずしも男性が主導権を握る必要もないのかな、と。

　その辺は趣味嗜好（しこう）、好みもあるだろうからそれぞれでいいと思う。控えめな女子がいてもいいし、ワイルドな女子がいても全然問題ないはず。要はコミュニケーションだと思うから。

　女性が受け身ってひとまとめにされがちなのは、どうなのかなと。もしかしたら、そういうものと刷り込まれ

ている人もいるかもしれない。男性のリードに任せるもの、と勝手に思い込んでいるとかね。

　男性が何人もの女性をはべらせていたら、ハーレムで羨ましいなんて言われたりするじゃない。でも逆に、女性が複数の男性をひきつれていると、ふしだらだとか、男好きってネガティブなイメージを持たれがち。なんか納得いかないわ（笑）。

　時代は令和、女性も男性と変わらず、自分の力で自立していける時代。まだそんな意識なの？　遅くない？　みたいな。

　女友達から「ヤリ捨てされたかも」と言われたら、仲のいい子なら「そんな男やめときなよ。絶対に他でもやってるから」と、まず深追いするのは止めるわね。そんな、いくつもあるアクセサリーのひとつみたいに扱われるの、イヤじゃない？　女性側も遊びと割り切れるなら構わないけれど。

　その場合は、こっちも「ごちそうさま♡」くらいに思っておけばいいの。だって、自分も相手のことがタイプだったわけでしょ？　リピートがあるかどうかって、その時点ではわからないこともある。やっちゃったこと自体を悔やんでも仕方ないし、そもそも、後悔する必要なんて１ミリもないはずよ。貞操観念は人それぞれかもし

れないけど、私なら、そこまでもったいぶったり、引っ張ったりはしない。付き合う前に、絶対に済ませておくわね。もちろん、恋愛感情があった上でのことだけれど。

その1回の手合わせでわかることって、結構多いじゃない？　**私は、コトが済んだ後の相手の反応をよく見てる。**急に扱いがぞんざいになるとか、そういうのは論外。対応が適当になったりすると、ナシ判定してしまう。それで終わるものは終わるし、続くものは続く。自分のほうが「続けたくない」って思う可能性だってありえる。大人の恋愛では絶対に通る道なんだから、付き合う前でも後でも一緒。

体を許すのは3回目のデートまで待つとかいうけど、長くない？　会ったその日に意気投合して盛り上がるパターンだってあってもいいと思うのだけれど。世の男性からは軽い女認定されちゃうの？　少なくとも私が出会って、お付き合いしてきた男性は、そんなことにこだわる人はいなかったわ。特殊な例なのかしら（笑）。

とにかく、受け身でいるのはやめなさいってこと。続かなかったのは、たまたま、そこまでの縁だったということだから、あなたに悪いところがあったとは限らない。**「捨てられた」なんて、そんな発想こそ捨てちゃえば？**

他の女と天秤に
かけられたって？

BITCH!
Are you kidding me?（ちょっと冗談でしょ？）
その男あんたみたいなレベチな
極上女と付き合ってるくせに
他の女に目がいく時点でクソほどセンスないわね
Just kick the jerk out of your life
（そんなクソ男　自分の人生から排除しなさい）
IMMEDIATELY（今すぐに）

でもよかったんじゃない？
そいつの "クソだせぇ菌" 移される前に
関係切れるんだから
あんたのレベルに見合ってなかったのよ
ナメんじゃねぇ
って　そんなやつこっちから捨ててやんなさい
With this 👆（コレ付きでね）

あ
そうだ私　この後スタンフォードと会って
アンソニーの愚痴聞かなきゃいけないのよね
あんた代わってくんない？
じゃあね♡

　これも確か、DM で寄せられた悩み相談の中にあったのよね。

　天秤にかけるって、婚活のシーンなんかではよくあるって聞いたわ。並行して複数人とデートしてみて、より相性のよさそうな人を決めるという。

　そういうマッチング的なのは、正式にカップルとして成立するまでは、ありなのかも。そういうシステムを互いに理解した上で、互いに選ぶ権利が持てるなら。

　でもそれ以外で、すでに付き合っている状態なのに、二股、三股されてたってことよね。ショックを受ける気持ち、すごくわかるわ。信じていた分、裏切られた事実はつらい。

　ショックを受けて、少しは落ち込むかもしれない。でも、そんなの一瞬。

　私だったら、「よそ見をするなら、どうぞそちらへ」というスタンスを貫くわ。だってその彼、男としても、ひとりの人間としても、そういうことをする生き方自体にセンスを感じないもの。

　自分さえよければ、人を傷つけてもいいのかという話。想像力がなさすぎるでしょ。そんなやつと付き合っていても時間のムダじゃない？

最終的に自分のところに戻って来たとしても、天秤にかけている行為自体がイケてない。ダサすぎる。「やっぱりお前しかいない」なんて言って、他をすっぱり切ってきたとしても。

　単なる女のプライドがどうの、という話じゃない。相手の人間性に問題があるわ。

　よっぽどのイケメンで、私の超タイプと真ん中なビジュアルだったら、手放したくないかもしれないけど（笑）。え、私、チョロくない？（笑）。

　これね、実は動画だと薬指を立てているのよ。中指を立てるのは、さすがに抵抗があるけれど、一瞬だけ、薬指ならいいかな、と。傷つけられたこの相談者の女の子のためにも、私が怒りを表明しておかないと、と思ったの。

　ただ荒ぶって、強気なマインドを伝えて終わりだとつまらないから、ラストはジョークとして、『SATC』ネタで明るく締めてたわ。

　知っている人は知っていると思うけど、スタンフォードは『SATC』の主人公であるキャリーの大親友。ゲイ

の男性キャラクターよ。アンソニーは、そんな彼のパートナー、結婚相手。深く愛し合っている二人だけれど、いつも犬も食わないケンカばかりしているの（笑）。

　これを読んでるみんなの愚痴も、いくらでも聞くからDMして（笑）。だから、どんなにイヤなことがあっても、それがあなたの自尊心を傷つけられるような最悪な出来事だったとしても、必ず這い上がって、自分を取り戻して。

　世の中には素敵な男性が溢れているんだから、一部の最低男なんかのために、あなたの貴重な時間を無駄にしないで。

遠距離恋愛がつらいって？

BITCH!

You're asking too much（あんた贅沢な女ね）

'Cause we're living in a world of convenience
（だってこんな便利な時代に生きてるのよ）

車も電車も飛行機もある時代
その右手に持ってるのはスマートフォンなんじゃないの？
どっかのカップルは15光年も離れてるらしいわよ
しかも7月7日にしか会えないんですって
That really sucks（そんなの最悪じゃないの）

"会えないから寂しい" じゃなくて
"次会えるのが楽しみ" って思いなさい
どっかの年1カップルと違って　あんたたちは同じ星に住んで
るんでしょ？
ラッキーじゃない？
……って　これはさすがにちょっと無理あるか……

WHATEVER（まあいっか）
寂しくなったら私が朝まで付き合うわよ
マティーニ　がぶ飲みしに行く？
じゃあね♡

　これは、七夕の日に思いついたテーマなの。私は普段、あまり日付や曜日の感覚なく生きているんだけど、朝起きたときに「今日は7月7日か！　織姫と彦星じゃん！」と謎にテンションが上がってしまって。それなら、遠距離恋愛をテーマにした動画を撮ろうと思ったの。

　私自身、遠距離恋愛をしたことがあって。高校生のときに、兵庫県に住んでいる男性と付き合っていたことがあるの。ガラケーの時代で、マッチングアプリなんて、もちろん存在しない。当時流行っていたとある掲示板で知り合った人だったわ。ゲイって日常生活の中での出会いが本当に少ないの。田舎だとなおさらよ。ノンケからしたら、出会い系ってハードルが高いって思うかもしれないけれど、ゲイの世界ではネットでパートナーを探すのがむしろ主流。当時、ゲイはみんな知っているくらい人気の掲示板があって、そこで募集したときに連絡をくれたのがその彼だったのよね。

　大阪の梅田駅で待ち合わせることになって、ちょっと大きなアーケード街のようなところで、向こうから歩いてくる彼の顔のサイズが想像以上にすごく大きくて（笑）、「写真と違う!?」なんて思ったものよ。今となっては、いい思い出だわ（笑）。だって写真ではスラッとしていてマッチョだったのに、実物は結構ぽっちゃりさ

んだったんだもの。まぁ、外見については「思っていたのと違う！」と内心思ったけれど、内面がすごく優しい彼に惹かれて、付き合うことになったの。

その当時、私はまだ高校生。恋愛経験もほとんどなく、彼氏第一みたいな状態だったから、そばにいて欲しいときにいてくれない、と遠距離ゆえの不満が募ってしまって、ちょっとしたことでケンカが絶えなくなってしまったの。こっちが一方的に文句を言っているときのほうが多かったんだけど。

学生時代のクリスマスって一大イベントじゃない？それなのに、クリスマスは会えないと言われて、あり得ない！　と思ってしまって。

彼は当時、ゲイバーでアルバイトをしていたから、クリスマス当日はイベントがあったらしく、どうしても出勤しないといけないと聞かされていたのだけど、そんなの真っ赤な嘘。蓋を開けたら浮気してたのよね。いろいろ溜まってたものが爆発して、それで別れることになったわ。

今は恋愛第一という感じではなくなっているけれど、それでもやっぱり、会いたいときに会える距離にいないのは無理だな、と思う。人によっては、多少距離があるくらいのほうがちょうどいいっていうタイプもいるんで

しょうけど。

「遠距離恋愛」って言っても、最初から離れている状態
で恋愛が始まる場合もあれば、途中で離れ離れになるケ
ースもある。定期的にちゃんと会えるならいいと思うし、
会えないことに対してのケアを怠らないことも大切よ
ね、お互いにね。遠距離というと、女性が不安になるイ
メージがあるけれど、そうとは限らない。女性だって、
男性が寂しく思う気持ちに寄り添ってあげないと。

　そうそう、織姫と彦星って15光年も離れているらし
いわよ。知ってた？　途方もない距離よね。これで7月
7日が悪天候だったら、また1年待たなきゃいけないわ
けでしょ？

　まぁ、織姫と彦星が、付き合って間もない頃にイチャ
イチャしすぎて、仕事をサボったりしたから引き離され
たらしいけど。自業自得（笑）。

　これからもし、付き合った人と途中で遠距離になると
したら、私はその時点で別れると思う。離れていても、
その人に誠実でいられる自信がないもの。ついていくっ
て選択肢ならアリかも。

　私の仕事は、場所を問わないものが多いし。彼と会う
頻度は最低でも週に1回は会いたいかも。月1はちょっ
とつらい。ただの知人みたいになっちゃいそう（笑）。

友達と好きな人が
かぶったって？

BITCH!
SO WHAT?（それが何だって言うの？）
What are you worried about?（何が心配なの？）

友情が壊れたらどうしようって？
確かにそうね　友情も大切よ
でも人が人を好きになる気持ちって
意識的に制御できるようなものでもないじゃない？
その子との友情が壊れることと
その子に好きな男取られることと
どっちが嫌？

If I were you…（私があんたなら…）
私なら絶対に後者だわ
てかその彼　まだ誰のものでもないんでしょ？
TEXT HIM（LINE しな）　**NOW**（今すぐ）
正々堂々と勝負するの　そして勝ち取るのよ
I know you can do it（あんたならできるはず）

あ！　そうだ、写真ないの？
WOW　He's so freakin' hot（やだ、超いい男）
私が3人目のライバルになりそう
冗談よ　じゃあね♡

　私個人の意見としては、好きな人がいて、その人が誰とも付き合っているわけじゃないのであれば、遠慮せずにアプローチしていいと思うわ。どっちが先に好きになったとかは関係ないし、まだ何も始まっていない、スタート地点って意味では一緒よ。私だったら、気にせずいくわね。

　その代わり正々堂々。その子の悪いところや、根も葉もない噂話を吹き込むとか、そういう卑怯なことをしてはいけない。だけど、アピールするのは自由だし、誘ったりしても全然問題ないはず。

　お互いイーヴンということで、正々堂々とアプローチする。それでどちらかと付き合うことになっても恨みっこなし。2人が同時に好きになっているってことは、きっと魅力的な人なんだろうし、私たち以外の人とくっつく可能性だって大いにあるわけで。

　互いにフェアに戦った上で、それで成就した、しないで壊れる友情なんてそれまでのもの。むしろ、そんな安い友情なんていらないわ。

　私はゲイだから、戦いのフィールドが狭いというか、争う人自体、周りにあんまりいなくて。いるかもしれないけど、隠しているケースも多々あるから、誰かと一人の男性を取り合ったことってないのよね。

私が好きになる人は、わかりやすい美形イケメンってわけじゃないから、女の子とかぶったこともなくて（笑）。女子ウケというより男子ウケがよさそうな人がタイプなの（笑）。ゲイにもモテるし、きっとノンケの男が見ても、カッコイイなって思うような人♡

　私の好みなんてどうでもいいわよね（笑）。

友達と好きな人がかぶったのが判明して、それで止（や）めとこって思うのなら、そうすればいい。私は、好きになった人を諦めたくないから、他の人に取られちゃうのが嫌だから、止（や）めないってだけ。そこは人それぞれ違うと思うので、最終的には自分で決断したらいいと思うわ。

　あと、気になるのは、「私、○○くんのこと好きなんだけど」って最初に言いまくってくる牽制（けんせい）女子について。周りから固めるタイプの子（笑）。まぁ、勝手に言わせておけばいいし、気にしなくていいと思うわ。

　でも、そこでヘンに逆らって、いじめや嫌がらせに発展しても嫌よね。でも、勝手に予約してきた女子には、「私も好きなんだよね」とか真正面から挑む必要もないと思うの。

　あくまで、自分のペースでその恋愛に向き合えばいいの。先に宣言したほうが偉いってもんでもないし、もしそっちとくっついたら、「あ、そういうこと」とさっさ

と引くだけ。悲しいけれど。

でも、嫌な予約女子みたいな子は、男子も気がつくんじゃないかしら。こういう外堀を埋めるタイプに、まんまとハメられちゃう人もきっといるだろうけど。よく女子が「男って馬鹿よね」みたいに言うけど、もちろん馬鹿ばかりじゃないし、逆に馬鹿な女の子だっている。

意外とね、外堀女子は男子から嫌われがちだったりするわよ。学生時代、私は持ち前のオネエを活かして、男子と女子の両方のコミュニティに属していて、その中でどちらの声も聞きながら過ごしてきたからこそわかることなんだけれど。

だから、「男ってみんな馬鹿」みたいに言ってるあんたのほうが馬鹿よねって思ったこともあるの。意外と男子は、女子のあざとさに気づいていて、すべてわかった上で、騙されてあげてたりすることも多いわよ。私の調査によるとね（笑）。

とにかく、全力で恋愛に向き合う姿は、尊敬に値するわ。姑息な手段じゃなければの話だけれど。

他の女に彼氏を
寝取られたって？

BITCH! For real?（ガチ？）
Lucky you ♡（あんたツイてるわよ♡）
だってゴミ処理券　買わずに済んだんでしょ？
無料（タダ）で粗大ゴミ
引き取ってもらえたってことじゃないの

Oops（あらやだ）
I'm sorry for calling your ex "粗大ゴミ"
（元彼を粗大ゴミなんてごめんなさいね）
BUT HE IS!!（でも実際そうじゃね）
粗大ゴミ兼腐った生ゴミでもあるかもね
腐敗したものは
その周りのものも腐らせるって言うじゃない？
あんたがボロボロのカビだらけにされる前でよかったわ
Anyways（とにかくさ）
落ち込むなんて　クソほど馬鹿みたい
だってウチら以上にイケてる女たちなんている？
We are the best, you know
（ウチらこそ最強じゃん）

それ相応の扱いを受けるべきだと思うの♡
だって自分の価値って自分で決めるのよ
No matter what they say（誰がなんて言おうとね）
でしょ？　じゃあね♡

　そんな男、ゴミ以外の何物でもないわね。……というのが私の主張。人間って大きいから、粗大ゴミかなって（笑）。何事も考え方次第なのよ。ショックを受けるのもわかるけど、そんなアホな男、さっさと捨てちゃえば？

　粗大ゴミの処分って有料で、ゴミ処理券が必要でしょ。相手の女が引き取ってくれるっていうのなら、むしろラッキーじゃない？

　生物だから、生ゴミでもあるかもね、ということで、**そいつはもう中身まで腐ってるから。なる早で捨てておいたほうがいい。**

　腐ったものって周りに悪影響を与えるでしょ。他のものも腐らせたり、菌を移したり。一番近くにいた彼女であるあなたがボロボロにされる前に、破棄できてよかったわよ。もうすでに泣きまくってボロボロよ、と言うかもしれないけれど、もっと先じゃなくて、今わかってよかったと思いましょ。

　寝取った女と寝取られた彼氏、どっちが悪いか問題に関しては、とりあえず彼氏一択。相手の女性は、ただ普通に好きになっていただけかもしれない。彼女がいることを知らなかったかもしれないし、その事実を彼が隠していた可能性も、嘘をついていた可能性も捨てきれない。

だけど、彼はあなたの存在をわかっていながらの行為なわけだから、悪質極まりないわ。相手の女が、あなたの存在を知りながらコトに及んだんだとすれば、その女も悪。彼女の存在を知っていたか、知らなかったかによって、その辺りの判決は変わってくるわね。

　だから相手の女に怒りの矛先を向けるより、まずは彼よ。好きって気持ちがあると、その辺のジャッジが狂いそうだけど、彼がダントツで悪いのは、間違いないわ。

　相手の女も、もしかしたら、腐った粗大生ゴミの被害者かもしれない。「（彼女がいるのかどうか）聞かれないから言わなかった」とか、悪質な男もいる。

　大切な彼女であるあなたを不幸にしたその男……**二度と幸せをつかめないよう、私がしっかりと呪っておくわね♡**　なるべく底辺を這いつくばって生きていくように♡

　逆の話で、私がもし相手の女の立場だったとしたら。好きになった人にパートナーがいるのがわかったら、その時点ですぐ引くわ。

　だって、時間がもったいないもの。何の未来もないってことだし、奪おうとするのもめんどくさい。永遠にアデューよ（笑）。

　大昔の話だけど、ずっと都合のいい関係だった人がいて。最初はフリーだったんだけど、気づいたら奥さんが

いたのよね。

　恋愛感情は一切なかったから、その点は平気だったけれど。付き合っている間柄ではなくて、要するにセフレ的な関係だったから、頻繁に会うわけでもなかったし、身辺のこともキャッチアップしていないから、全然わからなかった。

　ある日、彼から唐突に結婚報告を受けてからは、ただのフレンドになりました（笑）。お互いサウナが好きだから誘われたりするけれど、今では本当に健全なお付き合い。帰りにうちに寄って泊まろうとしてきても、「ダメよ、帰りなさい」と強制的に帰らせるわ。彼を粗大ゴミにしたくないし、私もそのせいで腐るのはごめんだもの。

彼氏がゴムを
つけてくれないから別れた？

彼氏がゴ…
OH MY GOODNESS
私の口からは言えないわ

BITCH!
I throw up my hands（もうお手上げだわ）

呆（あき）れてものも言えないわね
今目の前で抱いてる女のことすら
尊重できないような男が
未来の宝物を守っていけるなんて到底思えないわ
SO（だから）
別れて大正解よ
That's my girl（それでこそ私の親友よ）

てかそいつは人の命を何だと思ってるのかしらね？
後先考えられないお馬鹿さんは
過去へ置き去りで**OK**よ
ウチらはさっさと未来へ進んじゃいましょ

準備できてる？
じゃあね♡

　これは意外とよく聞く話。私、夜のお悩み相談を受けることも割と多いのよ。DMなんかでは、さらにエグいのもたくさん送られてくるわ。エグいというか、生々しいやつね（笑）。

　どうせ読まれないだろうと思うから、気軽に送れたりするのかも。リアルで仲良しな関係だと、あんまり生々しいことって言いにくかったりするじゃない？　軽々しく人に言えないような深刻なことも、一方的にだと言いやすいんでしょうね。

　頼ってくれているような気がして、すごくうれしいの。数が多すぎて返信は出来ないけれど、一つ一つ、ちゃんと読んでるわよ♡

　というわけで、こちらの相談について。相手がゴムをつけてくれなくて悩んでいるというDMも、たまに来るわね。

　お悩みの内容をひもとくと、
「大切にされていないのでしょうか？」
「別れるべきでしょうか？」
「どうやってつけてもらったらいい？」
　という、この３つに絞られる気がするわね。

　私の考えを言わせてもらうと、そもそも、つけなくてOKと思っている感覚自体が信じられないの。男性から

すると、女性の体について深くは理解できていないだろうし、私もそこまでわかっているわけではない。

　だけど、そういう行為をした結果、妊娠をする可能性があるのは女性のほうだということくらいわかるはず。

　仮に、避妊せずに子供ができてしまって……「できてしまう」という言い方も嫌よね。予期せぬ妊娠、アクシデント的に妊娠してしまったとして、軽率に堕ろせと言う男性もいるのかと思うと、命を何だと思ってるの!?と憤りを感じてしまう。お腹の中で、姿かたちはまだ整っていないとしても、それはすでに命なのに。

　そこを軽く捉えてしまう人間性も、そこまで見据えられない頭の悪さも、本当に最低だし、信じられないわ。目先の快楽に支配されて、後先考えられないなんて……愚かだわ。

　そんな人には魅力を感じないし、次にいったほうがいい。「つけさせるにはどうしたらいいか」なんて、こちらが考えてあげる必要なくない？　そもそも、つけなくても平気だろ、という感覚でいる男性とは、根本的に合わない。

　大人同士で、結婚する気もなくダラダラ付き合っていて、それで妊娠してしまったから仕方なく結婚する、みたいな流れも、どうなのかしら。結婚すると決断したこ

とは、少しは評価に値するのかもしれないけれど。計画
性のなさや、いきあたりばったり感はやはり否めない。
近々、互いに結婚も視野に入れていて、順序が逆になっ
てしまったパターンならわかるけれど。

どちらにしろ、ゴムなしって、想像力のなさと頭の悪
さを露呈する行為だとも言えると思うから、男性として
も、人間としても好きになれないわ。
女友達から相談されたら、別の人探したら？　と言い
たくなるわ。そのまま妊娠して、結婚しても、先行きが
不安すぎるもの。
あなたの体を大切にしてくれる男性を選択してほしい
わ。

Shine bright like a diamond.

Rihanna『Diamond』

ダイヤモンドのように明るく輝いて。

(リアーナ)

It's okay

not to

be okay.

オッケーじゃなくてもオッケーよ。

CHAPTER.5

WORK

Work hard, play hard!

仕事でやべぇミスして『終わったぁ〜』って?!

BITCH!
そんなの落ち込む必要ないわよ?
**WHAT DOESN'T KILL YOU MAKES YOU STRONGER
（ピンチなときこそチャンス）でしょ?**

あんたの本当の実力
見せつける舞台が整ったってことなんじゃない?
人一倍努力して
全員見返すぐらいの気持ちで頑張んな
シンデレラストーリーだって
どん底から這い上がるから美しいのよ?

あ、そうだ!
明日セントラルパークでランニング中のイケメン眺めながらランチしない?
12時
Sounds good ♡
ミランダにも連絡しておくわね!
BYE,BITCH ♡

「やっちまったー！」「やらかしたー！」って落ち込んだとき、私はいつも、ケリー・クラークソンの『Stronger』のフレーズを思い出すの。この曲は歌詞も歌唱も最高で大好き♡

What doesn't kill you makes you stronger.
（あなたを殺さないものは、あなたを強くする）

要するに、死にさえしなければ、その経験はあなたを強くしてくれるってことね。死なない程度の苦労は負荷となって、その人を鍛えてくれる。

フォロワーさんからのDMで相談されて、それで考えて出したのが、この動画だったのよね。というのも、私も落ち込むことがあるから。軽いミスじゃなくて、最悪の状態だわ……ってなったら、そう簡単には浮上できないわよね。

でも、一旦どん底まで沈んだあと、はなんとか上がっていくしかないじゃない？　人間、結局は、ずっと同じところにはいられないと思うから。だったら、むしろ逆境をバネにしてのし上がっちゃいましょうよ！　ってこと。

最悪な状況から上り詰めるというストーリーで思いつくのは、「シンデレラ」の物語よね。虐げられる毎日を送っていた女子が、王子様と結婚して一発逆転っていう流れに人は惹きつけられる。

　そりゃ、最初から何不自由なく幸せな人を見ても、「あ、そう」ってだけで、おもしろみがないじゃない。最悪な状態から成り上がるからこそ、人はその物語にワクワクさせられるのよ。だから失敗してどん底だわ……ってときこそ、

「私はシンデレラ」

「あとは上がるしかない」

「実力を発揮する舞台が整った」

　って奮い立たせていきましょうよ。

　私もね、今でこそたとえ失敗したとしても体感5分で切り替えられるようになったけど、5、6年前までは、今よりもずっとクヨクヨガマ、ネガティブガマだったの。

　昔、とある夜のお店でボーイとして働いていたときのこと。ママのバースデーイベントで、シャンパンタワー用のグラスを発注することになったの。ところがなんと、届いたグラスの数が少なすぎて、ものすご〜く小さいタワーになっちゃって（笑）。

　見た目がこぢんまりしちゃうのはもちろん、そこに注ぐシャンパンの数も必然と少なくなっちゃうから、売上にかなり響く。ママとしても稼ぎどころなだけに、ものすごく激怒していて……。

　業者が持ってきたグラスの数を、私が確認していなかったのが原因なんだけど、今から手配することもできないし、お客さんは待たせてしまうし、あのときは、とにかく落ち込んだわ……。

　でも途中から、開き直ったのよ。

It can't be helped. There is no other way.
（仕方がない、他に方法はないわ）

　もうミスは起きちゃったんだし、どうあがいても、この状況で私にできることは何もないでしょ。

　どうしようもないところで、悩んで止まっている暇があるなら、何か他にできることをしたほうがいい。落ち込んで仕事が止まっちゃうほうが、夜眠る前の後悔回想タイムが長くなるわ。

　落ち込み時間を短縮できるようになったのは、あるときふと、**「今が一番若くてかわいいのに、いつまでもクヨクヨしていたら時間がもったいない！」**って気づいたおかげね。

それに、起こったことを自分の都合のいいように解釈してごまかしても、事実は変わらない。失敗したことで迷惑がかかってしまった人がいるのなら、なおさら、早めになんとかカバーしないといけないでしょ。落ち込んだあとは巻き返すことにフォーカスして、「やったるでー！」って奮い立たすしかない。

　まずは行動よ。
　感情は抑えようがないから、落ち込むのは仕方がない。でも、早めに切り替えて、起きたことを自分なりに消化していくのよ。
　そして、「次は何をするべきか？」って方向に意識を向ける癖をつけてみて。
　大丈夫。きっと、あなたならできるから。

春からの新生活が
不安ですって？

BITCH!
You're not the only one（あんただけじゃないわよ）

みんな同じよ
誰もが通る道なの
私だって12年前に上京したときは　大変だったわ
だけど今ではすっかり
CITY GIRL よ
まだ見ぬ未来を不安に思うより
ワクワクしながら生きていたいじゃない？
ANYWAYS（とにかく）
You'll be fine（あんたなら大丈夫よ）

あ、そうだ
今度シャーロットが
新しいユダヤ教の彼氏連れてくるらしいわよ
8時（20時）
めちゃくちゃ嫌な男だったらどうする？
Later ♡（また後でね）

　親元を離れた生活の始まりって、人生の中でもかなり大きなイベントよね。

　だって、それまで親にやってもらっていたアレやコレやをすべて、ひとりでやらないといけないんだもの。

　私も経験あるけど、「こんなに大変なんだ」って、最初は驚いたわ。家の中は全部、自分のテリトリーだけど、管理も全部、自分でしなきゃいけない。自分の部屋だけじゃなく、トイレもバスルームもキッチンも玄関も。お金の管理だってそう。ご飯だって誰も作ってくれないし、外で食べるとお金はかかるし、太っちゃうし！

　上京するとか、知り合いが誰ひとりいない土地での新生活とか、そりゃ不安なのは当然よ。新たな人間関係を構築しないといけなかったり、生活基盤を整えるだけで精一杯。やらなきゃいけないことは多いし、慣れないことでずっと緊張しっぱなしで、メンタル的にも疲れることばかり。

　ひとり暮らしって憧れがまず先行するけど、実際に始めてみると、やっぱり大変なことのほうが多いのよね。私の場合は、どちらかと言うと、誰かと一緒に生活するのは向いてないと思っていたから、ずっと早く親元を離れたいって思っていたの。家族関係が悪いとか、そういうことじゃなくてね。

あくまでも私の問題で、自分のペースで物事が進められないとイライラしがちっていう、極めてワガママな理由よ。早くひとり暮らしがしたいなーって思っていたから、最初はワクワク感というか、期待しかなかった。

　でも……実際にひとり暮らしが始まったら、電車の乗り換えは難しいし、東京は高い建物ばかりだし、みんながみんな都会人に見えて、自分だけおのぼりさんに思えてシュン……となってたな。

　友達作りだって、なかなか自分からアクションを起こせず、声をかけられ待ち。こう見えて奥手さんだったの。今と大違いよね（笑）。

　あと、最初から自分を出したら、オカマが露呈して気まずくなるかも、っていう不安もあった。新しい環境に入るときは、なんとなく、隠しておいたほうがいいのかなって。

　もしかしたら、ゲイであることが友達作りの障害になるかもしれないし。仲良くなって、言えそうなタイミングで言えたら言えばいいかな、とか、いろいろ考えて様子見していたわ。

　結局は、そこまで心配するほどのこともなく、大学で同じクラスになった子とは、いまだに連絡を取り合うくらい、いい関係を築けたんだけど。

何が言いたいかっていうと、**「あなただけが悩んでる わけじゃないのよ」**ってこと！

伝えたかったのは、そこなのよ。

新しい環境に入るときは、誰だって不安だし、心穏や かではいられない。どんな状況でも100%期待だけ持っ て進んで行けるほど、人間、能天気にできちゃいないの よ。

「みんな不安なのよ」

「あなたひとりだけじゃないから！」

そう言われると、少しは気がラクにならない？

緊張したり、心配したりしながらも時は進んでいく。

そして気がついたら、きっと今の環境にも慣れて、い ろんな楽しみが見つかっているはずよ。

私がそうだったように。

もうあれから12年。いろんなことにチャレンジして いるうちに、こんなアドバイスまでできるようになった んだから、上出来だと思ってるわ（笑）。

学校や職場でイジメられてるって？

BITCH!
You should've told me earlier
（あんたもっと早く言いなさいよ）

あんたが　GORGEOUS すぎるからなんじゃないの？
まぁ私も美人だから　あんたの気持ちすごいよくわかる
でも村人 A、B がいてくれるおかげで
私たちがプリンセスなのよ？
So "Thank you guys ♡"
（だから "ありがとう、ご苦労様"）
って逆に感謝しちゃいましょ
ウチらが美人なのはウチらのせいじゃないし
ってどうせあんたまた
私が馬鹿なこと言ってるって思ってるんだろうけど
THERE（それよ）
今、笑ってるじゃない？
That's what I wanted to see（その顔が見たかったの）
暗い顔は美人が台無しよ

Don't worry（心配いらないわ）
私がついてるから
じゃあね♡

いじめって、「妬み」や「嫉み」が根源にある気がするの。女性同士だと、特にそういう傾向が強いんじゃないかしら。

美人に生まれたのは仕方がないじゃない？　みたいな、自信に満ち溢れた主張にしてみたけど（笑）、私が伝えたかったのは、**あなたの人生はあなたが主人公なのよ、**ってこと。

それぞれ、誰もが自分が主人公の人生を生きているんだから、みんなそれを忘れないでよ！　ってことを共有したかったの。

私のジョークのような主張で、少しでも笑顔になってくれたらいいなと思ったの。**あなたはプリンセスなんだから、笑っていなくちゃ！**　って。

主人公がゴージャスなのは当たり前。周りと自分の人生を比べて、なんてツイていないんだろうとか、つまらないとか、落ち込むこともあるかもしれない。人間なら、そういうときもきっとあるわよね。

でも、あなたの人生はあなたのもの。他の誰も代われないの。友達が、同級生が、同じ職場の同僚がどんなに輝いていようが、**自分以外の人たちはあくまで脇役なのよ。**童話なら、みんな村人。

村人Ａ、Ｂがいてこそ、私たちプリンセスが輝くんだ

から。だから村人がくだらない悪さをしてきても、「エキストラが騒いでるわ」ぐらいに思っていなさい。

　私はこれまで、イジメを受けている子から直接的に相談を受けたことって、実はないの。でも、女子のグループで、やっかみのような感じで、その場にいない子の悪口を言っている場面に遭遇したことはある。言われてた子はかわいくてスタイルも良くて、しかも性格も良くて、明るくて素敵な子だったのよ。

　私から見れば、悪く言ってる子たちのほうが、その行動も含めておブスだったし、「やっかみね」「羨ましいだけじゃん」って感じだったわ。

　人を陰で貶めている暇があったら、自分の人生を生きたほうが建設的なのにね。

　私もフォロワーが増えたらアンチとか、やっかみで叩かれたりするのかしら？　と心配したこともあるけど、全然、そんなことはなかった。数あるコメントの中でときどき、「ん？」っていうのが1件あるか、ないかって感じ。

　自分の体験談を話したときに、「そんな人だと思わなかった」「性格の悪いオカマ」なんて書かれたこともあったけど、私は自分が感じたことを自由に伝えただけなの。

　世の中、これだけ人がいれば、考え方が合う人も、合わない人もいる。だけど、顔も名前も出さない人の無責任な言葉に翻弄されるなんて、そんなバカバカしい話はないと思うの。

　だから気にせず、むしろ「話題にしてくれてありがとう♡」くらいの気持ちでいるわ。だって、それって結果的に、私のことを宣伝してくれてるわけじゃない？（笑）。

　合わない人がいたら、私ならスッと離れて距離を置くだけ。わざわざ攻撃なんてしないわ。そんなに暇じゃないもの。

　要するに、脇役の言うことなんて、気にするだけ時間の無駄ってことね。

仕事が見つからないって？

BITCH!
You should praise yourself（自分を褒めるべきよ）

まずは頑張って探してる自分自身を
褒めてあげなさいよ
誰にでもできることじゃないわ

就活って　男探しと似てる
ダメでも　それはただご縁がなかったってだけ
アリアナみたいに
Thank you, next（ありがとう、はい次）
の精神で前に進むの

てか　あんたを落とした企業は
今後大きな不利益をこうむることになるわね
だって未来のスーパーキャリアウーマンを
取り逃がしたってことになるんだから
あんたの魅力に気づいてくれる
スーパーイケてる職場がきっと見つかるはず
There's no need to rush（焦る必要ないわよ）
Just go with the flow（流れに身を任せてみて）

あんたは絶対大丈夫
じゃあね♡

　家が資産家とかじゃない限り、ほとんどの人は、（特に独身の人は）生きていくために働かなきゃいけない。

　私はずっと歌手になりたいと思っていて、でもなかなか実現できなかったから、生活のために仕事を探すということも何度かしてきたの。

　ただ、いわゆる一般的な就職活動というのはしたことがないの。リクルートスーツを着て、3次審査や4次審査まであるような、ああいうの。私の場合は派遣会社に登録したり、求人情報サイトから直接、アルバイトの応募をしたりという感じで、その都度、条件的に折り合うところで働いてきたわ。

　猫をかぶるのがうまいから、面接も割と得意なほうだった。人当たりのよさでは定評があるのよ（笑）。

　そんな私から、仕事がなかなか決まらなくて落ち込んでいる人に言いたいのは、まず、**求職活動をしていること自体がそもそも偉いということ。**親のスネかじってニートしている人や、生活保護を不正に受給しているような人もいる世の中で、働くために行動しているだけでたいしたものよ。素晴らしいことだわ。自分の人生を自分でなんとかしようと思っているのだから。

　だから、「誰にでもできることじゃない」と伝えたかったの。職探しは男探しと似てるって言ったけど、それ

は、必ずしもこちらが入りたい会社、就きたい職業で希望通りのポジションが得られるわけじゃないってことも含めてね。

　ぶっちゃけ、選ばなければ、働き口はいくらでもある。でも、自分に合うか合わないか、ゆずれない部分やこだわりがあるからこそ、その門は狭まってしまう。仕事の数、会社の数自体は多いし、辿り着く方法もひとつじゃない。しかも、実際に会社に入って、仕事を始めてみないと、本当に自分の選択が正しかったのかどうかわからないというところも、カップリングっぽいわよね（笑）。

　希望が叶わなかったからって、それはあなたに非があったとは限らない。ただ縁がなかっただけ。だから凹む必要は全くなし！

　アリアナみたいに、って言ってるのは、彼女の『thank u, next』っていう曲から引用させてもらったから。過去の恋愛をポジティブに受け止めている曲なんだけど、恋愛に限らず、自信を失って欲しくないと私も思う。職探しで落とされてしまったときって、自分が至らなかったのかな、と負のスパイラルに陥りがちよね。私も歌手のオーディションで何度も落とされたことがあるから、気持ちはわかる（笑）。

　大手レコード会社主催のオーディションで、私は何回

目かの審査で落とされて、すごくショックだったことが
ある。今思えば、求められているアーティスト像ではな
かったんだろうな、と。私の場合、歌唱力が足りないと
いう理由で落とされることはきっとない（笑）。自信過
剰に聞こえるかもしれないけれど。あとはビジュアルや
ダンススキル、キャラクター？　そういうところがハマ
らなかったのね、と。

　私はそうやって、俯瞰で物事を見て、分析することが
すごく好き。受験勉強でも、自分の苦手なところ、得意
なところを客観的に見て、対策を考えて強化することで、
なんとか乗り切ってきたから。

　耳がよくて記憶力がいいから英語は得意で、苦手なの
は数学。得意なことは普通にやっていれば伸びる。苦手
なものは、人一倍努力しないと結果が出せない。冷静に
なることで見えてくることってあるから、ひとしきり落
ち込んだあとは冷静になって、自己分析をしてみて。

　何度も言うけど、**落ちたのは合わなかっただけ。**そう
簡単には割り切れないかもしれないけれど、本当に、単
にそういうことなんだと思うの。だから自分を責めない
で、「いい経験をありがとう。じゃ、次いくわね！」と、
顎を上げて、前を向いて、堂々と進んでいってほしいわ。

職場でセクハラされたって？

BITCH!　Really…？（ガチ…？）
like…really?（なんて言うか…ガチ？）
You've gotta be kidding me（冗談でしょ…）
そいつ頭ん中、昭和で止まってんじゃないの？
こちとら　2022のAW生きてんだが

Oh SH*T
I'm getting angry just thinking about it
（考えるだけで腹が立ってきたわ）
そんな奴　人間の皮を被った猿みたいなもん
霊長類の風上にも置けないけど
700万年前からやり直していただきたいわね

Alright
Just remember（忘れないで）
ウチらのプリケツに触れていいのは
ウチらが認めたイケメンのみ

So
Repeat after me（私の後に続きなさい）
「その汚い手　どけていただける？」

Fan-freaking-tastic（クソ素晴らしいわ）
じゃあね♡

　今この時代にセクハラ!?

　これだけ、あらゆるハラスメントが世の中で問題視されているのに、最もわかりやすくアホなことをするヤツが、まだまだこの世の中に蔓延（はびこ）っているのね。

　あまりの呆（あき）れと驚きで、こんな始まり方になってしまったけれど。シンプルに大馬鹿野郎すぎない？　まったく理解できない（笑）。

　仲良くなるためのスキンシップ？　そんなの求めておりませんし、その謎の角度からのお心遣いは不要です、みたいな。

　セクハラを取り上げようと思った理由は、普遍的なテーマだと思ったから。誰かに提案されたとか、問題提起されたとかじゃなくて、普通にネタを考えていて、そう言えばまだやってなかったなと思って、選んだの。

　いろんなハラスメントが問題になっているけど、セクハラは特に線引きが難しいわよね。言葉だけのものでもないし、距離感にしても、不快かどうかは人によって違うものだから。その辺も含めて、自分と相手との距離感がつかめない、読めない人、読み違えている人がやりがちなことでもある。想像力や思いやりの欠如によるところがすごく大きい気がするわ。

　受けた側からしたら、後を引くくらい嫌な思いをする

し、トラウマになることもあるはず。なのにセクハラを
してきた本人が無自覚でケロッとしていたりすると、本
当に腹立たしいわよね。

　立場の強い人が弱い人へのハラスメントという意味で
は、パワハラも日常茶飯事かもしれない。八つ当たりと
いうか、ストレスのはけ口にされているケースもあるの
ではないかしら。

　私もバイト先で胸ぐらをつかまれたことがあるわ。そ
の時期は部署全体の売り上げが芳しくなかったの。そん
なある日の朝礼中に社長が来て、ひとりずつ活を入れら
れたわ。何これ、この会社やばくない!?　とドン引きし
た私は、ダッシュで辞めたわ（笑）。トップがそんな人
間だなんて、根本的に、生理的に無理だと思ったので。

　他人を変えようとするより、自分で環境を変えたほう
がラクだし、早いもの。人なんてそうそう簡単に変えら
れない。下の人間の意見で変わるような柔軟性があった
ら、そもそもパワハラ、セクハラなんて起こらないだろ
うし。すぐに仕事が辞められるような状況じゃないとし
たら、なるべく距離を取るしかないわよね。できる範囲
で関わりを少なくしつつ、逃亡準備を進めて。

　嫌な目にあったときに、自分を責めるタイプの人もい
ると思うけれど、それは違うわよ、と言いたい。真面目

な人ほど、相手じゃなく自分を責めがちだし、逃げよう
としないのよね。

　**あのね、逃げていいのよ？　不快だと思ったら、意思
表示をしてもいいの。**言いたいけど面と向かって言えな
いという人に代わって、私が怒りを表明しておくわ。

　余談だけど、「2022 AW」という言葉を使ったのは、
大好きな『SATC』みたいにファッション用語を使って
みたかったからよ（笑）。

　700万年前は、"人類の起源"で検索したら、出てき
た数字だったのよね。一番古い人類が現れたのが紀元前
700万年。猿人とかそんな時代だから、そこからやり直
してよね、みたいな。

　そのくらい、進化から程遠いところにいるということ
に、早めに気づいて欲しいものね。

*I will not be judged
by you or society,
I will wear whatever,
and blow whomever
I want, as long as
I can breath and kneel.*

Samantha Jones
(『*SEX AND THE CITY*』seasn5 episode4)

誰にも私を批判なんてさせないわ。
息がきてひざまずける限りは、
自分の好きな服を着て、
好きな人のモノをしゃぶってやるんだから。
(サマンサ・ジョーンズ)

*The fact is sometimes
it's hard to walk
in a single woman's shoes.
That's why we need really
special ones now
and then to make a walk
a little more fun.*

Carrie Bradshow
(『*SEX AND THE CITY*』 *Season6 Episode9*)

シングルウーマンの道は平坦ではない。
だから歩くのが楽しくなる
特別な靴が必要なのだ。
（キャリー・ブラッドショー）

JUN HANAUE
Q&A 77
from followers

#personal

Q1 出身地は？　(miii・29歳・女性)

富山

Q2 ご家族の構成は？　(きょー・20代・女性)

父母、弟。
ポポちゃん、つくね。

Q3 足のサイズはいくつですか？？
(高一女子しゅがー・10代・女性)

26.5

Q4 憧れの方はいますか？
(心は一生ギャル・30代・女性)

BoA

Q5 東京に欲しい富山の(モノ/場所)は？
なんでも(Sophie・20代・女性)

すっごく美味しい
回転寿司

Q6 死ぬ前に何食べたい？　(Aida・40代・女性)

ママが作った親子丼

Q7 サーティワン(アイスクリーム)の
好きなフレーバーは？(Ri・30歳・女性)

チョコチップ

Q8 スタバでいつも頼むものは？
(ももる・15歳・女性)

ホワイトモカ、
アーモンドミルクに
変更のグランデ

Q9 好きなお茶は？
(りるりる・20代・女性)

ジャスミン茶

Q10 朝はパン派？　ご飯派？　(朝は？・30代・女性)

どっちも食べないけど、
どちらかと言えば
ご飯派

Q11 Bestお味噌汁の具は？　(ヨル・30代・女性)

なめこ

Q12 一番好きな白米のおかずは?
(シェアハピ・38歳・女性)

刺身の盛り合わせ

Q13 今まで1番の究極の選択は何でしたか?
(ゆ・30代・女性)

親に
カミングアウト
したこと

Q14 何をしてるときが一番楽しいですか?
(さしすせそ・10代・女性)

歌ってるとき。
あと、伊勢丹で
散財しているとき(笑)

Q15 寂しがりやさん? (横浜主婦・30歳・女性)

そうかもしれない

Q16 クリスマスに欲しいものは? (ゆか・40代・女性)

イケメン
ゴリマッチョ
サンタ(上裸)
袋の中身は
ケリーを希望。

Q17 オナラは無音派? 爆音派? (907・20代・女性)

爆音に決まってる
じゃない(笑)

Q18 同じ苗字の方に出会ったことありますか?
ちなみに私も、花上です♡
(ハナウエ・30代・女性)

ないです。
一度もないです。
あなたが初めての人よ♡

Q19 幸せを感じるときはどんなときですか?
(ココア・50代・女性)

つくね(愛犬)と朝、
代々木公園を
散歩しているとき

Q20 過去一の黒歴史は? (りさ・30代・女性)

週2-3で日サロに通い、
鼻ピをつけて、ロン毛の
エクステをつけていた頃
@富山

Q21 今まで最高に幸せな瞬間っていつですか?
(3姉妹ママ・39歳・女性)

2020年の
『THEカラオケ☆
バトル』(テレビ東京)
で優勝したとき

Q22 最近あった良いことを教えてください!
(りー・30代・女性)

素敵なお家に
お引っ越し♡

favorite

Q23 住みたい国は？
(しゅうころ・37歳・女性)

アメリカ合衆国 ハワイ州オアフ島

Q24 好きな季節はいつですか？
(あやパンダ・37歳・女性)

冬。クリスマス！

Q25 好きな場所は？
(あーちゃん・20代・女性)

原宿のBlue Garden

Q26 好きな女性のタイプは？
(まおるん・40代・女性)

サバサバしてる人。 サバサバ詐欺は イヤだけど(笑)

Q27 ディズニープリンセスで一番好きな
キャラクターはなんですか？ (マヨマヨ・10代・女性)

シンデレラ

#love

Q28 外国人と付き合ったことありますか？
(Miho・40代・女性)

ある！ アメリカ人

Q29 グッとくる異性／同性の仕草はありますか？
(つなまよ・30代・女性)

振り向きざまの顔

Q30 絶対に沼ってはいけない男のタイプは?!!
(かほ・10代・女性)

夜中2時に 「今から会えない？」って 言ってくる男

Q31 爽やか好青年派？ ひげゴリラ派？
(エビ)

どっちも好きだけど…… ひげゴリラ派

Q32 洋服を選ぶときに意識していることは
何ですか？(りん・50代・女性)

着たときのフォルム

Q33 勝負の日や楽しみな日の
ファッションはどうやって決めていますか？
(高校生女子・10代・女性)

その日一番着たい アイテムを決める

Q34 アクセサリーはゴールド、
シルバーどちら派ですか？(ラム・30代・女)

ゴールド

Q35 好きな色は何色ですか？
(muu・20代・女性)

ベージュ

Q36 好きな色は寒色系？ 暖色系？
(Soran・20代・女性)

暖色系

Q37 おすすめのマスカラは？ (ろこ・40代・女性)

エスティ ローダー 「ダブル ウェア ゼロ スマッジ マスカラ」

Q38 初めてお化粧したのはいつですか？
(はなちる・20代・女性)

中学2年生。
自分でコンシーラーを
買ったの。

Q39 メイクのときの1番すきな瞬間
(ひよこさめ・20代・女性)

眉毛を
描いているとき

Q40 ネイルのこだわりや好みは？？
(yu6・31歳・女性)

爪が細長く見えるように

Q41 お気に入りの入浴剤を教えてください
(ぶんこ・30代・女性)

クナイプ

Q42 お風呂は夜派ですか？　朝派ですか？
シャワーで済ませる？　湯船につかる？
(さや・39歳・女性)

朝夜派。
だいたいシャワー

Q43 自分のBODYで好きなところ知りたい♡
(マミ・20代・女性)

プリケツ
かしら♡

Q44 髪型のオーダーってどうされてますか？
(40代・女性)

美人なショートカットの
おねえさん風

Q45 30代でも派手髪してるのどう思いますか？
(じゅり・32歳・女性)

イケてる！

#school days

Q46 子どもの頃なりたかった職業は？(こはく・40代・女性)

美容師

Q47 学生時代のあだ名はなんですか？
(モモザ卜・20代・女性)

じゅんじゅん、ティッシュ、
はなじゅん

Q48 学生時代の部活は？
(まひつば・20代・女性)

バドミントン、ハンドボール。
そしてダンス

Q49 昔やっておけばよかったと後悔している
ことはありますか？ (Kim24・20代・女性)

勉強

#music &culture

Q50 1日の始まりや自分をあげるために
聴く曲はありますか？
(がちゃん・20代)

メーガン・トレーナーの
『メイド・ユー・ルック』

Q51 一番得意な歌はなんですか？
(ゆーすけ・20代・男性)

『スキップ・ビート
(SKIPPED BEAT)』

Q52 BoAファンです。BoAちゃんの
一番好きな曲は何ですか？
（カピりな・30代・女性）

『Smile again』

Q53 これから観たい映画ってありますか？
（トヨシマ・40代・女性）

『ロイヤル・トリートメント』

Q54 もしも出演できるなら
何の映画がいいですか？（2020・20代・女性）

『ノッティングヒルの恋人』
のジュリア・ロバーツ役

Q55 ゴシップガールで
好きなキャラクターは誰ですか？　（しゅが・20代・女性）

ブレアとチャック

Q56 初めて買った漫画はなんですか？？
（よど・30歳・女性）

『僕等がいた』

#policy
& mindset

Q57 じゅんさんの座右の銘は何ですか？
（はるきゃん・20代・女性）

Design
Your Life
（※この質問は多くの方にいただきました）

Q58 自分を漢字一文字で例えるなら？
（しょこたん・30代・女性）

惇（意味は調べてね）

Q59 自己肯定感を高くすること、自分のことが
好きになるためにはどうしたらいいですか？
（ちょこ・20代・女性）

自分の嫌いなところを
知り、改善すること

Q60 子供のときからポジティブでしたか？
（授乳系シンガー・40代・女性）

いいえ。
26歳、Barで
仕事を始めた頃に
変わった。

Q61 何か迷ったときの考え方や決め方、
基準はなんですか？　（みぃ・20代・女性）

10年後に思い返して、
恥ずかしくないか

Q62 自分磨きを始めたキッカケは
なんですか？（シヴァ犬・19歳・男性）

コンプレックスを
隠すため

Q63 いつも素敵なのですが、どうやって
自分の魅力を引き出しておられますか？
（ぴょん・50代・女性）

他人にどう思われるか
じゃなく、自分が楽しい、
かわいいと感じることを
しています

Q64 生きるにおいて大切にしていることは
なんですか？　（1213・女性）

周りのことを
気にしすぎないこと

Q65 すごく落ち込んだときの対処法は？
(SAWAKO・40代)

落ち込むだけ、
落ち込むこと。焦って、
立ち直ろうとしない。

Q66 疲れたときのリラックス方法を
教えてください！ (さみ・20代・女性)

サウナ

Q67 どんなふうに歳を重ねたい？
(ya47・50代・女性)

今は自分にフォーカスしか
できていないけれど、
誰かに何かしてあげることが
できる余裕を持った
マダムメン（笑）になりたい

Q68 ガッて運が上向いた瞬間ありますか？
マインドとかきっかけは？ (yuki・30代・女性)

2022年3月。
インスタのリール投稿が
爆伸びしたこと

Q69 自分を『認める』方法ってありますか？
(mez・30代・女性)

認められる証拠をつくる

Q70 じゅんさんはつらいときどうやって
気持ちを切り替えていますか？
(0655・10代・女性)

一回寝る

Q71 来世はどんなふうに生まれ変わりたい⁉
(はるまま・30代・女性)

自分に
生まれたい

#english

Q72 英語はどうやって習得したの？
(みー・30歳・女性)

海外ドラマ

Q73 一番万能だと思う英単語or
英文を教えて!! (ゆんゆん・30代)

「I know, right?」
（だよねー。わかるわかる）

Q74 口が気持ちいい英単語ありますか？
私はspecific（抜け感と最後が好き）です！
(ルリ・30代・女性)

possibility

#bitches

Q75 なんでそんなにワードセンスが
いいんでしょうか？ (omusubi・30代・女性)

神様の
ギフトよ♡

Q76 BITCHが好きで癖になってますー。
定期的にまたあげてくださいませ。
(33hi・40代・女性)

もちろんよ。
Stay tuned!

Q77 どうしたら友達になれますか？
(やまだ・20代・女性)

もううちら、
BITCHESでしょ♡

EPILOGUE

　最後まで読んで下さった皆さま、心からありがとう。全員にハグしたい気持ち（笑）。

　まさか私が本を出版する日が来るだなんて、これっぽっちも想像していなかった。それもこれもすべて、皆さまが私を見つけてくれたから。そして、愛してくれたから。

　皆さまを少しでも励ますことができたら、元気を与えることができたら、と思いながら続けてきたことが、まさかこのような形で自分自身の夢を叶えることにつながるとは。本当、人生は何が起こるか分からない。きっと、知らず知らずのうちに、私のほうが皆さまからパワーを貰っていたのね。

「この先、どう生きていけばいいの？」ともがき苦しんでいた、あの頃の少年に教えてあげたいわ。

「たくさんの人に愛してもらえるわよ」と。「出口が見つかるわよ」と。

「LIFE」、「BEAUTY」、「LOVE」、「WORK」と４つのテーマに分けて私の考えをシェアさせていただいたけれど、いかがだったかしら？　楽しんで読んでいただけたなら嬉しいわ。もちろん、すべて私の考え方が正しいだなんて、そんな傲慢なことを言うつもりはないの。人により、それぞれの正解があるでしょうし、そうあって然るべきだと思うから。

　ただ私が伝えたかったことは、人生は一度きりであり、時間は有限だということ。ごくごく当たり前なことだけれど、忙しなく日々を生きる中で、忘れがちであり、おざなりにしてしまいがちなこと。「自分自身を愛してあげましょう」だなんて、そんなどこかの自己啓発セミナーのような考えを押し付けるつもりもないわ。自分を心から愛することは、案外難しいもの。だから無理に自分を愛する必要はないの。だけど、大切にはしてあげてほしい。そんな大切なあなたの時間を無駄にしないであげてほしいと思うのよ。

　ほんの少しだけ、頭の片隅でそう意識して日々を生きていくことで、あなたの悩みや迷いをゼロにできるかは分からない。だけど、その重量を少し減らせるかもしれないと思ったの。

　人は生きているだけで金がかかるし、人や社会と関わりを持たずに生きることは不可能。つまり、生きている限り、悩みは次から次へと私たちに降り掛かるもの。避けようのないことだってあるわ。そんな時、私の存在が、そしてこの本が、あなたの隣で、あなたの心を少しだけ支えてあげられる、そんな存在でありますように。

To all my "BITCHES"

背中は押さない、一緒に歩こう。

Love you, all ♡

花上惇（はなうえ・じゅん）

1992年1月19日生まれ、富山県出身。エンパワーメントな言葉を愛する山羊座の
AB型。悩める女性たちの「自己肯定感を支える」マルチクリエイター。
ミュージックライブ、TikTok、Instagram、様々なデジタルツールを駆使し、見る
と、聴くと心が軽くなるオリジナルコンテンツを配信中。美しいビジュアルやメッセ
ージだけでなく、美声にもファンが多い。2020年「THEカラオケ☆バトル」（テレビ
東京）では、美声と歌唱力を発揮し、優勝。
オリジナルコンテンツが詰まったYouTube、Instagram、TikTokアカウントは、
「花上惇（はなうえ じゅん）」で検索。

現在住所は冷蔵庫。
自己肯定感 急上昇。

2023年1月22日　第1刷発行

著者　　　　花上惇
発行者　　　島野浩二
発行所　　　株式会社双葉社
　　　　　　〒162-8540　東京都新宿区東五軒町3番28号
　　　　　　TEL03-5261-4818［営業］　03-5261-4828［編集］
　　　　　　http://www.futabasha.co.jp/
　　　　　　（双葉社の書籍・コミックが買えます）

印刷・製本　中央精版印刷株式会社

©Jun Hanaue 2023　Printed in Japan

ISBN978-4-575-31756-5 C0095